Ulla Rahn-Huber

# Der Vampir
## neben dir

**Wie Frauen Energiesaugern
den Garaus machen können**

Kreuz

# Inhalt

# Ein Wort vorab

Bestimmt gibt es auch in Ihrem Leben den einen oder anderen Zeitgenossen (weibliche inbegriffen), dem Sie am liebsten aus dem Weg gehen würden. »O nein, bloß *die* nicht!«, denken Sie nur und verschwinden schnell auf die andere Straßenseite. Denn würde sie Sie entdecken, müssten Sie sich zum zwanzigsten Mal ihre Lebensgeschichte anhören. Zugegeben, sie ist schon eine arme Haut – dauernd krank, und dann ist ihr auch noch der Mann weggelaufen. Ihr zuzuhören ist beinahe schon eine moralische Verpflichtung. Wenn Sie sich nach dem Gespräch (oder besser: dem Monolog) nur nicht so ausgepowert fühlen würden ...

Und dann gibt es da noch den Kollegen, der Ihnen einmal einen Fernseher günstig besorgt hat. Er hat irgendjemanden gekannt, der Prozente bekam. Eine Menge Geld haben Sie damals gespart. Das war schon super! Da ist es doch eine Selbstverständlichkeit, wenn Sie im Urlaub jedes Jahr seinen Garten in Schuss halten (obwohl Sie Gartenarbeit hassen) und zweimal am Tag die Katze füttern (trotz Allergie). Klar, er wohnt auf der anderen Seite der Stadt und die Fahrerei ist ziemlich lästig. Aber Sie können es ihm doch schlecht abschlagen, oder?

O doch, Sie können und Sie sollten es tun! Denn wer Ihnen Schuldgefühle macht und Sie moralisch unter Druck setzt, um Ihnen Zuwendung, Anteilnahme oder handfeste Leistungen abzupressen, könnte sich bei genauerem Hinsehen als neuzeitlicher Verwandter von Dracula, dem transsilvanischen Grafen mit den spitzen

Zähnen, entpuppen. Solche modernen Energiesauger haben das Gefühl, vom Leben benachteiligt worden zu sein, und immer tragen die anderen die Schuld an ihrer Misere.

Aus eigener Kraft können (oder wollen) sie ihr Dasein nicht bestreiten, und so sind sie stets auf der Suche nach Opfern, die den Hals für sie hinhalten. Dabei haben sie ein untrügliches Gespür dafür, wer ihnen nicht widerstehen kann: die allzeit hilfsbereiten Naturen, denen die Höflichkeit das Neinsagen verbietet – also vor allem wir Frauen.

Wenn der – mal männliche, mal weibliche – Vampir dann zubeißt, merken wir es kaum gleich, hat er uns doch mit Bewunderung, großen Versprechungen und vielleicht sogar Liebe in eine hypnotische Trance gelullt. »Ohne dich kann ich nicht leben!«, flötet er wahrheitsgemäß – welches Frauenherz würde da nicht schmelzen und sich ihm hingeben?

Dieses Buch wird Sie darin unterstützen, Energiesauger zu erkennen und ihre Andockstrategien zu durchschauen. Präzise gefasste Checklisten schaffen zusätzliche Klarheit, und beim Lesen der Fallbeispiele wird Ihnen bestimmt der eine oder die andere alte Bekannte begegnen. Der blasse Herr aus den Karpaten ließ sich noch mit Knoblauch und Kreuz in die Flucht schlagen. Hier wird Ihnen verraten, wie Sie sich effizient vor Übergriffen der neuzeitlichen Vampirvariante schützen und Ihr energetisches Immunsystem stärken können. Solchermaßen gewappnet sind Sie unverwundbar. Graf Dracula, ade!

# I

# Vampire wie du und ich

*»Wenn du im Bett liegst und draußen im Feld die Hunde bellen hörst, dann verbirg dich unter der Decke und spotte ihrer nicht: sie haben unersättlichen Durst nach der Unendlichkeit, wie du, wie ich, wie alle Menschen mit bleichem, schmalem Gesicht.«*

COMTE DE LAUTRÉAMONT,
AUS DEM ERSTEN GESANG MALDORORS

Wer kennt sie nicht, Bram Stokers Geschichte von Dracula, dem Fürsten der Vampire, der sich in seiner unstillbaren Gier nach frischem Blut mit spitzen Zähnen an immer neuen Opfern gütlich tat. Besonders hatte es ihm Lucy, ein jungfräulich reines Geschöpf mit makellos weißem Hals angetan. Offenbar aß auch in den einsamen Weiten der Karpaten das Auge mit. Nacht für Nacht suchte der Blutsauger seine Auserwählte heim, und mit jedem Biss in die Halsschlagader verlor die Dame an Kraft, bis ihr Leben schließlich am seidenen Faden hing. Parallel dazu setzte bei der solchermaßen Attackierten eine kaum merkliche, aber umso bedenklichere Transformation ein: Ihre Eckzähne wurden von Mal zu Mal spitzer ...

Glücklicherweise hat auch diese Geschichte ihre Helden, diesmal in Gestalt von Professor van Helsing, eines Gentleman der alten Schule, und seiner tapferen Helfer, die dem Unhold – natürlich unter Einsatz ihres Lebens – den Garaus machten, ihm einen Pfahl mitten durchs Herz rammten und dem Unwesen damit für immer ein Ende bereiteten.

Soweit die Fiktion. Kommen wir zur Realität. Zwar ist Transsilvanien weit, und Geschichten von blutsaugenden Ungeheuern werden heute eher unter der Rubrik skurriler Aberglaube abgehandelt. Doch ganz in Sicherheit wiegen sollten wir uns nicht ...

Der rote Saft, den nicht nur Graf Dracula, sondern unzählige andere Untote der Mythen- und Sagenwelt aller Zeiten und Kulturen aus den Adern ihrer meist schlafenden Opfer schlürften, ist nicht irgendeine x-beliebige Flüssigkeit: Blut galt von jeher als Symbol für das Leben. Je reichlicher es in den Adern pulsierte, desto praller und rosiger die Wangen und desto gesünder und kraftstrotzender der Mensch. Es waren nicht einfacher Durst und Hunger, die die schaurig-faszinierenden Grenzgänger an die menschlichen Kehlen trieben, sondern eine unbändige Gier nach eben dieser prallen Lebensenergie. Und Energiesauger, die gibt es noch heute. Mitten unter uns.

## Die Versuchung ist groß

War der Prototyp des abendländischen Vampirs noch zweifelsfrei an seinen spitzen Eckzähnen zu identifizieren, lässt sich der moderne Energiesauger auf diese Weise kaum enttarnen. Absonderlichkeiten an den Beißwerkzeugen sind dank der Fortschritte der Zahnmedizin eher selten geworden. Auch treibt er sein Unwesen nicht des Nachts. Er ist eben kein Untoter, der seine Existenz im Schattenreich führt. Er ist Mensch – ein Mensch wie du und ich. Er kann uns überall begegnen. Mal ist es die Nachbarin, mal der Kollege und mal die Freundin. Manchmal erweisen sich gar unsere eigenen Kinder und Ehemänner als Vampire. Und mal sind wir es selbst. Jeder kann es sein, denn die Verlockung ist groß, sich an den Energievorräten anderer gütlich zu tun. Wie groß, das zeigt die folgende Geschichte:

*Es war einmal eine Frau, die wollte das Mysterium des Lebens ergründen, und so begab sie sich auf eine lange Wanderschaft. Sie bereiste alle Länder und Kontinente, und die Jahre vergingen, doch sie konnte keinen einzigen Hinweis finden. Bald hätte sie aufgegeben, als sie in einer mondlosen Nacht, tief in den Wäldern, beinahe am Ende der Welt, am Wegesrand ein Licht auftauchen sah. Schon bald gelangte sie zu einer kleinen Hütte, die offenbar von Tausenden von Kerzen erleuchtet war, derart hell drang der Schein durch die Fenster. Sie klopfte an, und eine freundliche alte Frau hieß sie einzutreten.*

*Drinnen standen tatsächlich lauter kleine Öllämpchen, die das ganze Haus mit ihrem flackernden Licht erfüllten. »Dies sind die Lichter der Menschen«, erklärte die Alte. »Ich hüte sie. Ich hüte das Leben.« Mit einer einladenden Geste bedeutete sie ihrem Gast, sich ruhig mal umzusehen, und so trat die Besucherin näher. Kaum waren ein paar Augenblicke vergangen, da entdeckte sie ein Lämpchen, in dem das Öl fast zur Neige gegangen war. Die Flamme fing schon an zu flackern. »Was ist denn mit diesem Menschen los?«, erkundigte sie sich.*

»Er stirbt«, erwiderte die Frau ungerührt. »Jeder hat eine gewisse Menge Öl in seinem Lämpchen. Bei dem einen verbrennt es schneller, bei dem anderen langsamer. Irgendwann erlischt jedes Licht. Das ist das Gesetz der irdischen Existenz.«

Als die Besucherin das hörte, überkam sie auf einmal der übermächtige Wunsch, ihr eigenes Lämpchen zu sehen. Wie viel Öl wohl noch darin war? Die alte Frau war eifrig mit Dochtpflegen und Rußputzen beschäftigt und achtete nicht weiter auf sie, und so streifte sie an den Regalen vorbei. Und wirklich: Es dauerte nicht lange, da hatte sie ihr eigenes Lämpchen gefunden. Wie wenig Öl nur noch darin war! Schon fing die Flamme an zu zucken! Sollte sie etwa Zeugin ihres eigenen Todes werden?!

»Nein! Jetzt noch nicht!«, schrie eine Stimme in ihr. »Es ist doch noch viel zu früh!«

Verzweifelt schaute sie sich um, und da fiel ihr Blick auf ein Lämpchen mit kräftiger Flamme, bis zum Rand mit Öl gefüllt. Mit klopfendem Herzen und zittriger Hand griff sie danach, um etwas von dem Öl in ihr eigenes Lämpchen zu gießen. Nur ein wenig, ein ganz klein wenig. Dieser andere Mensch würde es gar nicht merken, er hatte doch noch so viel.

Doch da spürte sie auf einmal einen Widerstand an ihrem Handgelenk. Mit eisernem Griff hielt die alte Frau sie zurück und herrschte sie an: »Das Mysterium des Lebens willst du ergründen? Wie könntest du es je erfassen, wenn du es noch nicht einmal ertragen kannst, dein eigenes Geheimnis zu lüften?!«

Noch bevor sie antworten konnte, stand sie auf einmal wieder ganz allein draußen auf dem dunklen Weg. Von der Hütte war keine Spur mehr zu sehen. Sie blieb noch eine ganze Weile stehen, bevor sie ihren Weg fortsetzte, und dabei rieb sie sich das Handgelenk, denn es schmerzte noch immer vom Griff der alten Frau, die für einen kurzen Moment den Schleier des Mysteriums für sie gelüftet hatte.


Bei Dracula und seinen Kollegen und Kolleginnen von der Blutsauger-Gilde ist das Lebenslicht längst erloschen, doch sie können nicht endgültig in die Finsternis des Totenreichs hinübergehen. So verharren sie in der Zwischenwelt und rauben Nacht für Nacht ein wenig Brennstoff, um ihrem Lämpchen für kurze Zeit ein fahles Licht zu entlocken.

Warum erst warten, bis der Docht ins Flackern kommt, denkt sich so mancher Mensch. Spürt er, dass seine Energien schwinden, tut er sich mit feinen Antennen und unsichtbarem Beißwerkzeug nach fremden Vorräten um. Saugt hier ein wenig und dort ein bisschen mehr. Und schon geht es ihm besser. Ist schließlich auch einfacher, als den Mangel aus eigener Kraft zu tilgen!

## Vom Säugling zum Sauger

Letztendlich ist es das Wissen um die Endlichkeit der eigenen Energievorräte, das den Menschen zum Sauger werden lässt. Jeden von uns. Ab und zu. Und doch gibt es Zeitgenossen, die es nicht bei gelegentlichen Übergriffen belassen. Ihnen ist die energetische Ausplünderung ihrer Mitmenschen sozusagen in Fleisch und Blut übergegangen; sie können davon nicht mehr lassen. Um sie geht es in diesem Buch.

Der notorische Energiesauger ist ein Mensch wie jeder andere auch, nur einer, der das Gefühl hat, im Leben zu kurz gekommen zu sein. Er fühlt sich schwach und schutzlos und meint, mit seinem Potenzial an Lebensenergie nicht auszukommen. Dass er selbst es sein könnte, der sich den Krafthahn zudreht, auf die Idee kommt er erst gar nicht. Schuld an seinem permanenten Schwindsuchtgefühl sind immer die bösen anderen. Und dafür lässt er sie bluten. Energie bluten. Die, denen er die Verantwortung für seine Misere anlastet – und alle anderen gleich mit.

Dass es zum energetischen Austausch zwischen Menschen kommt, ist völlig normal und von der Natur so gewollt. Jedes Baby wird, kaum dass es das Licht der Welt erblickt, zum unersättlichen Sauger. Es spitzt suchend die Lippen und kräht so lange, bis es die Quelle gefunden hat, aus der das Leben sprudelt. Genüsslich schmatzend nuckelt es – freilich nicht an fremden Halsschlagadern, sondern an Mutters Brust. Und die streckt sie ihm willig hin. Die Aufgabe, den Säugling – welch treffendes Wort! – zu nähren, ist ihr von der Natur quasi in den Schoß gelegt worden. Sie ist dafür gerüstet und treibt damit theoretisch keinen Raubbau an ihren Kräften. Es ist ein mehr oder weniger ausgeglichenes Geben und Nehmen: Sie spendet Nahrung, er bezaubert ihr Herz mit seinem Lächeln, seiner bedingungslosen Hingabe. Doch der kleine Mensch nuckelt nicht nur Milch, sondern auch jede Menge Energie. So gut wie jede frisch gebackene Mutter kann ein Lied von schlaflosen Nächten singen, von endlosen Stunden, in denen sie ihren kleinen Augenstern verzweifelt schaukelnd in den Armen wiegt. Sobald er ihre Nähe spürt, ist er still. Doch kaum legt sie ihn in sein Bettchen, geht das Geschrei wieder los. Nicht der Hunger plagt ihn; er dürstet nicht nach Milch, sondern nach Körperkontakt. Er will seine Mutter spüren, ganz dicht bei sich haben, denn nur so kann er von ihren Energien trinken. Und die Mutter: Sie ist am nächsten Tag völlig ausgepowert und ausgelaugt, läuft beinahe wie ein Zombie herum ...

Nun, irgendwann wird jedes Kind erwachsen, es nabelt sich ab, steht auf eigenen Füßen und wird unabhängig – auch energetisch. Nur wenn es mies drauf ist, wenn die Welt ringsum wieder einmal besonders grau und unwirtlich erscheint oder gar einzustürzen droht, dann sehnt es sich zurück. Dann spitzt es suchend die Lippen und will ... saugen! Mutter ist nicht da. Klein und niedlich ist »es« auch nicht mehr. Also muss ein neues Opfer gefunden und mit anderen Mitteln gefügig gemacht werden. Und damit nimmt das Unheil seinen Lauf.

So erscheint es nur auf den ersten Blick paradox, wenn ausgerechnet solche Menschen, die während ihrer Kindheit mit Fürsorglichkeit überschüttet wurden, manchmal einen deutlich vermehrten Bedarf an Fremdenergien haben. Sie sind es von klein auf gewohnt, ohne viel Federlesens aus anderen Reservoiren zu schöpfen. Ohne die ständige Zufuhr von außen haben sie das Gefühl, nur auf Sparflamme zu kochen. So erklärt sich, dass gerade die, die immer besonders viel abbekommen haben, eher meinen, zu kurz gekommen zu sein. Sie sind es ja nicht wie die anderen gewohnt, Mangel zu erfahren. Entzieht sich ihnen eines ihrer Opfer, werden sie regelrecht wütend. Sie meinen, schließlich einen Anspruch auf die Zuwendung (sprich: den Energienachschub) zu haben. Energiezufuhr von außen macht süchtig! Und so zetern und jammern sie. Und nehmen sofort die Witterung nach einem neuen Opfer auf. Nehmen wir uns also in Acht!

## Die ewige Misere

Wenngleich uns Energiesauger in allen möglichen Verkleidungen gegenübertreten können, haben sie eines gemeinsam: Sie stecken in Problemen, und darum sieht alles düster für sie aus. So wie es Graf Dracula unmöglich war, sich dem Licht zu stellen, können auch sie immer nur auf die Schattenseite des Lebens starren. Bei manchen von ihnen vertieft sich der Weltschmerz zur Depression. Das ist die Gruft, in der sie gefangen sind. Der Energiesauger ist also nicht unbedingt ein Bösewicht, der andere mutwillig ausplündert. Er ist dazu getrieben. Ja, meist merkt er selbst noch nicht einmal, was er tut. Auch Dracula hatte keine andere Wahl. Er musste saugen, es war ein Zwang, und wer ihm in die Fänge geriet, dem wuchsen selbst bald spitze Zähne, um sie seinerseits genüsslich in die Adern anderer Menschen zu senken.

## Vampire sind Schnäppchenjäger

Ob bewusst oder unbewusst, ein Energiesauger macht alles und jedes an ein und derselben Frage fest: »Was können die anderen für mich tun?« Nach diesem Kriterium wählt er seine Aktivitäten und Kontakte aus, und so lauert er dauernd mit den hungrigen Augen eines Karpaten-Wolfs auf Beute: ein Schnäppchen, einen Bonus, eine Rückvergütung – oder eben die energetische Zuwendung eines anderen Menschen. Er ist die Personifizierung des Anspruchdenkens. Wie es anderen geht, interessiert ihn nicht. In seiner Ego-Zentriertheit hört er nur das alles übertönende Knurren seines eigenen Magens. Diesen Hunger muss er stillen. Um jeden Preis.

Seine leichteste Beute ist jene Art von Frau, die sich ständig fragt: »Was kann ich für die anderen tun?« Als Retterin der Menschheit bringt sie sich bei jeder Gelegenheit ein und bietet ihre Dienste an. »Kommt her, die ihr mühselig und beladen seid!«, lautet die Botschaft, die ihr auf der Stirn geschrieben steht. Sie hilft jedem. Unbesehen. Ihr letztes Hemd würde sie hergeben, nur damit andere nicht frieren müssen. Kein Wunder, dass sich die Vampire rudelweise angezogen fühlen und sich geifernd um sie scharen. Kein Wunder auch, dass sie sie bis auf den letzten Blutstropfen aussaugen. Gelegenheit macht Diebe.

## Statt Sauggebiss und blasser Haut

Wenn auch die äußeren Merkmale zur Identifizierung eines Energiesaugers fehlen, gibt es doch diverse Möglichkeiten, ihm auf die Schliche zu kommen:

Zum einen verrät er sich durch die Beharrlichkeit und die immer gleiche Strategie, mit der er sich an seine potenziellen Opfer heranmacht. Hat er einmal mit einer Masche Erfolg gehabt, wendet er sie, einer Art Wiederholungszwang folgend, immer wieder an. Es gibt mehrere typische, manchmal äußerst subtile »Andockstrategien«, die alle nur eines zum Ziel haben: uns gefügig zu machen und uns am Neinsagen zu hindern. Sie zu kennen ersetzt wirksam Knoblauch und Kreuz. Im nächsten Kapitel (siehe Seite 37ff.) werden sie im Einzelnen beschrieben und enttarnt.

Zum anderen heißt es, auf das Gefühl und die innere Stimme vertrauen zu lernen. Instinktiv spüren wir nämlich sehr deutlich, wer von den Menschen, mit denen wir zu tun haben, von unserem Lebenssaft zehrt. Dass wir dennoch nicht reagieren und die Flucht ergreifen, liegt am strategischen Geschick des Vampirs: Musste Graf Dracula noch warten, bis sein Opfer schlief, vernebelt uns sein Kollege von der Energiesauger-Fraktion mit betörenden Worten die Sinne, hüllt uns in einen Wortschwall ein, erregt unser Mitleid oder appelliert an unsere Schuldgefühle. Auf diese Weise versetzt er uns in eine Art Duldungsstarre, die wir erst durchbrechen müssen, um handeln zu können. Auch hier ist Wissen Macht. Darum die folgende Checkliste:

## Checkliste: So enttarne ich Energiesauger

- Verwickelt mich XY in endlose Gespräche über seine/ihre Probleme? Und scheint er/sie nie und nimmer aus seinen Problemen herauszukommen?
- Wenn XY anruft, würde ich mich dann am liebsten verleugnen lassen? Oder wenn ich ihm/ihr begegne, die Straßenseite wechseln?
- Lässt mich XY auch dann nicht aus den Fängen, wenn ich ihm/ihr durch die Blume zu verstehen gebe, dass ich im Augenblick keine Zeit für ihn/sie habe?

- Meldet sich XY immer nur, wenn er/sie etwas von mir will? Gerate ich immer wieder in die Rolle der Retterin in der Not?
- Überfällt mich in Gegenwart von XY eine bleierne Müdigkeit, die mich handlungsunfähig macht?
- Ignoriert XY meine Versuche, das Gespräch zu beenden (zum Beispiel weil es schon ziemlich spät ist und ich endlich schlafen will)? Muss ich erst massiv werden, damit er/sie meinen Wunsch vernimmt?
- Würde ich selbst in einer kritischen Lebenslage bei XY um Rat fragen? *(Niemals, denn nach dem ersten Satz von mir hakt er/sie ein und beginnt sofort mit seinem/ihrem Thema!!!)*
- Himmelt XY mich über alle Maßen an? Sagt er/sie, er/sie könne ohne mich nicht leben? *(Wie wahr, wie wahr ...)*

## Freundschaft oder Vampirismus?

Vampirismus fängt da an, wo das normale Maß des zwischenmenschlichen Energietransfers überschritten wird. Wenn die beste Freundin in eine vorübergehende Krise gerät und sich bei uns ausheult, zehrt sie damit zwar auch an unserer Kraft, aber das ist durchaus legitim. Schließlich ist man befreundet. Ein andermal, wenn es ihr wieder besser geht, wir selber aber in Problemen stecken, hört sie uns zu und trägt uns energetisch mit. Dieser gegenseitige Beistand ist es ja gerade, was eine Freundschaft ausmacht. Beide profitieren davon, man fühlt sich angenommen und unterstützt, und damit ist die Energiebalance hergestellt.

Kritisch wird es erst, wenn das Ausheulen zur Einbahnstraße und die Krise zur Dauerkrise werden, wenn die Freundin uns in ihrem Weltschmerz womöglich gar nachts aus dem Bett klingelt, wenn sie nur auf ihre eigenen Probleme starrt und für die unseren kein Interesse hat. Dann saugt sie. Dann sind Geben und Nehmen nicht mehr ausgeglichen. Dann ist keine Energiebalance gegeben. Dracula lässt grüßen.

## Der Reiz des Frauenhalses

Vampire gibt es beiderlei Geschlechts. Die ewig nörgelnde Nachbarin gehört in diese Gattung ebenso wie der trunksüchtige Ehemann, die tyrannische Schwiegermutter ebenso wie der Mitleid heischende Hypochonder. Ihre Opfer aber sind vorwiegend wir Frauen. Und das liegt nicht nur an unserem zarteren Decolleté.

Von der Natur zur Nährerin der Nachkommenschaft erkoren, ist es uns genetisch einprogrammiert, die Brust zum Saugen hinzuhalten. Die Geste des Gebens ist uns gewissermaßen in die Wiege gelegt. Doch auch unsere Erziehung treibt uns den Vampiren in die Fänge. Eigenschaften wie Fürsorglichkeit, Mitgefühl und Hingabe sind seit so vielen Generationen fest im weiblichen Idealbild verankert, dass wir Frauen sie trotz aller Emanzipationsbemühungen und Emma-Lektüre nicht abgestreift haben. Und wer wollte das auch schon? Ohne Fürsorglichkeit könnten wir weder unseren mütterlichen Instinkten frönen noch unseren Kindern gerecht werden; ohne unser Mitgefühl wäre die Gesellschaft noch kälter, als sie es ohnehin schon ist; ohne Hingabe könnten wir nie wirklich die Liebe genießen. Gleichzeitig aber hat die Frau dadurch eine versorgende, gebende, helfende Ader, in die der Vampir mühelos seine Zähne bohren kann, viel leichter als bei jedem Mann.

Interessanterweise gibt es im Tierreich zwar allerhand Blutsauger, aber keine Energiesauger. Die Weibchen, die Brutpflege betreiben und sich nicht gleich nach dem Gebären, Eier legen oder Laichen aus dem Staub machen, haben keinerlei Skrupel, ihre Jungen davonzujagen, sobald sie aus dem Gröbsten raus sind. Schließlich brauchen sie ihre ganze Kraft für die nächste Paarungszeit und deren Folgen. Opfer energetischer Vampire zu sein ist also eine Frage des höheren menschlichen Bewusstseins. Nur unsere Spezies lässt sich von Gejammer oder Hundeblicken erweichen.

## Warten auf den Retter

Nicht nur, dass der Vampir unser Herz erweicht und damit unsere Abwehr lähmt, auch eine der wohl ältesten Vorstellungen von der Rolle der Frau lässt uns oft in eine eigentümliche Lethargie verfallen. Denn so modern wir auch sein mögen, wir haben seit Generationen gelernt, immer dann nach dem edlen Ritter Ausschau zu halten, wenn es in unserem Leben brenzlig wird. Statt also aktiv zu werden, den Spieß umzudrehen und dem Vampir zu zeigen, dass wir selbst auch kraftvoll zubeißen können (Mal sehen, wer die spitzeren Zähne hat!), neigen viele von uns immer noch dazu, sanft stöhnend in die Kissen zurückzusinken, sich – allenfalls mit entnervtem Augenaufschlag, immer aber anmutig – die Hand an die Stirn zu legen und zu seufzen: »Ich weiß nicht, wie mir geschieht ...« – in der Hoffnung, dass er, der edle Holde, uns schon retten werde.

Aber wohin wir mit dieser zugegeben recht malerisch wirkenden Haltung kommen, zeigt schon das Beispiel der guten Lucy. Gleich mehrere Männer rissen sich darum, sie zu retten, nur: Genützt hat es ihr nicht! Am Ende stießen ihr die Kerle in ihrer Uneigennützigkeit sogar noch selbst einen Pfahl durchs Herz. Was für ein Trost, dass die Seele beim Entweichen einen erlösten Seufzer von sich gab.

Hören wir also auf mit dem Zurücksinken und Stöhnen, befreien wir uns aus unserer Ohnmacht, und schaffen wir uns den Sauger selbst vom Hals! Das ist allemal sicherer, als auf männlichen Beistand zu warten – und bestimmt auch unterhaltsamer!

## Das typische Opferprofil

Wenngleich sich der Energiesauger zur Not an jeder Quelle labt, gelüstet es ihn in Wahrheit nicht nach jedem x-beliebigen Saft. Er ist da durchaus wählerisch. Auch Dracula und seinesgleichen sollen ja vornehmlich an Jungfrauen Interesse gehabt haben. Sie sind das Symbol für Reinheit – in unserem Falle für die Reinheit der Energie. Und so legt das typische Saugopfer denn auch eine besondere Form der Gutmütigkeit und Naivität an den Tag. Unverbrüchlich glaubt es an die hehre Natur des Menschen. Die Vorstellung, dass ihm jemand etwas wegnehmen könnte, ist ihm fremd. »Und wenn jemand es doch tut, dann bestimmt nicht absichtlich«, so redet es sich es ein. Warnungen vor dem einen oder anderen saugverdächtigen Mitmenschen schlägt es mit einem »Man kann den Armen/die Arme doch nicht hängen lassen!« in den Wind. Was seinen Hals aber endgültig dem Zubiss der Vampire preisgibt, ist sein Glaube, jeder sei so gutmütig wie es selbst. Kurzum: Das potenzielle Opfer der Vampire leidet am Helfersyndrom.

Gefährdet sind dabei nicht nur die Gutmenschen, die in ihrer Freizeit ständig um das Wohl der Menschheit bemüht sind, sondern auch alle professionellen Helferinnen: Ärztinnen, Therapeutinnen, Sozialarbeiterinnen, Krankenschwestern, Arzthelferinnen, Seelsorgerinnen und sozial engagierte Lehrerinnen ... – also all jene Frauen, die sich die Fürsorglichkeit quasi per Beruf verordnet haben. Und während sie ihren Schutzbefohlenen aufmerksam zuhören und ihnen die Lebensbeichte abnehmen, können diese ungestört saugen.

Gutmütigkeit ist jedoch nur eines der Kriterien, nach denen der Vampir sein Opfer auswählt. Das Blut soll nämlich nicht nur rein sein, sondern auch kräftig sprudeln. Dracula verzehrt sich nach Lebendigkeit, das ist es, was ihm fehlt. Und so sucht er nach den Frauen mit Ausstrahlung, nach den Macherinnen, nach denen, die mit beiden Beinen im Leben stehen, die die Ärmel hochkrempeln und zupacken können, nach der soliden weiblichen Schulter zum Anlehnen. Hilflose Weibchen und verwöhnte Prinzesschen sind für ihn uninteressant – die empfindet er eher als Konkurrenz, denn wer schwach und hilflos ist, neigt selbst zum Saugen. Sein perfektes Opfer ist die starke Frau mit Idealismus und guter Erziehung – der Idealismus bereitet den Boden zur Selbstausbeutung, und die gute Erziehung sorgt dafür, dass sie ihm höflich den Hals hinhält, statt ihm knurrend die Zähne zu zeigen.

## Checkliste: Wie gefährdet bin ich?

- Kann ich keine Menschenseele leiden sehen? Muss ich sofort in die Bresche springen, wenn Gefahr im Verzug ist?
- Gehöre ich zu den Menschen mit »psychologischem Talent«, die für alle und jeden immer einen guten Rat auf den Lippen haben?
- Fühle ich mich manchmal wie die Beichtmutter der Nation? Höre ich mir geduldig die Lebensgeschichte anderer Leute an, selbst wenn ich das Gefühl habe, mit meinem eigenen Leben alle Hände voll zu tun zu haben?
- Schare ich ständig irgendwelche »Sozialfälle« um mich, die in Schwierigkeiten stecken und ohne meine Hilfe weder ein noch aus wüssten?
- Erzählen mir gelegentlich wildfremde Menschen intime Details aus ihrem Leben? Und höre ich mir das andächtig an?

- Ist es mir wichtig, von allen geliebt/geachtet/bewundert zu werden? Auch von solchen, die mir auf die Nerven gehen?
- Fühle ich mich ständig für andere verantwortlich? Rauben mir Sorgen um andere den Schlaf?
- Bin ich immer die Erste, die von ihrem Stuhl aufspringt, wenn irgendwo etwas fehlt? Bin immer ich es, die für andere den Sitzplatz räumt?
- Kümmere ich mich stets um die »aussichtslosen Fälle«, die andere längst aufgegeben haben? Glaube ich, dass ich sie zum Erfolg führen kann, oder nehme ich mich ihrer aus Mitleid an?

## Der Vampir kommt durch die Hintertür

Und was ist mit den Frauen, die ihren Idealismus längst an den Nagel gehängt haben? Mit den Durchsetzungsstarken, die sich nicht aus reiner Höflichkeit ducken, auf keinen Retter warten und auch nicht besonders gutmütig sind? Wie steht es mit den Lara Crofts unter uns Frauen? Sie wissen (oft aus eigener leidvoller Erfahrung), dass es »da draußen« vor Energiesaugern nur so wimmelt, und so verschanzen sie sich und ihr weiches Herz meist hinter einem Stachelpanzer und ziehen sich in eine Festung mit tiefem Wassergraben zurück. Dort lauern sie geduldig hinter den Zinnen, um auf jede Bedrohung von außen schnell und sicher reagieren zu können. Weil sie keinem Menschen – und erst recht keinem Mann – über den Weg trauen, bleiben sie oft allein. Bis sich eines Tages durch die Hintertür ein gut getarnter Vampir einschleicht, der völlig harmlos wirkt und ihnen bei ihrer einsamen Wacht Gesellschaft leistet – ein kleines, goldiges Fledermausbaby. Etwas zum Kuscheln, etwas, das ihnen Wärme gibt – und genau das ist es, was ihnen in ihrer Zurückgezogenheit am meisten fehlt. Was Lara Croft nicht weiß: Dracula ist nicht nur Herr der Wölfe, sondern auch Meister der kleinen blauen Flämmchen, und mit deren Kraft kann er einen Flächenbrand in ihrem Herzen entfachen. Ist das geschehen, ist sie ihm verfallen. Was dann geschieht, können Sie auf Seite 68ff. unter »Der Fall Jörg« nachlesen.

## Energielecks locken Haie an

Ob Lucy- oder Lara-Typ, im Zweifelsfall lebt der Vampir nach der Devise: Hauptsache es gibt ordentlich was zu holen. Je rosiger die Wangen, desto saftiger das Opfer. Doch zu seinem Leidwesen ist bei kraftstrotzenden, gesunden Menschen der energetische Schutzmantel so stark, dass er kaum zu durchdringen ist. Der Sauger dockt an, nuckelt ein wenig, aber der Strom will einfach nicht richtig fließen. Die Wunde verschließt sich zu schnell, oder das Beißwerkzeug dringt nicht tief genug ein. Wie dem auch sei – die Zecke ist bald abgeschüttelt. Wir kennen das alle: Wenn wir gut drauf sind, kann uns nichts anfeinden, weder die nervige Kollegin noch die zeternden Kinder werfen uns aus der Bahn. Es fallen uns die richtigen Worte ein, um uns geschickt aus der Affäre zu ziehen oder uns Ruhe zu verschaffen.

Kaum aber sind wir angeschlagen, werden wir zur leichten Beute. Energielecks locken die Haie an. Und wo ein Hai ist, ist bald eine ganze Schar versammelt. Ist doch verblüffend, dass uns der Chef immer dann zu Überstunden breitschlägt, wenn wir Kopfschmerzen haben. Oder dass uns die Freundin erst auf die Ringe unter unseren Augen hinweist (»Du solltest es mal mit einem Abdeckstift versuchen ...«), bevor sie uns zum x-ten Mal in aller Ausführlichkeit von ihrer Katastrophenehe berichtet. Und das, obwohl wir ausgerechnet jetzt anderes zu tun haben und uns der Stress wieder einmal besonders am Wickel hat. Spät abends dann, wenn wir endlich im Bett liegen, fühlen wir uns ausgelaugt und leer – wie einst Lucy nach Draculas Besuch.

So verwundert es nicht, dass der Vampir immer wieder zu ein und demselben Opfer zurückkehrt. Schließlich kennt er dessen Schwächen und weiß, wo er zubeißen muss. Er wäre doch dumm, es aus den Fängen zu lassen. Dumm aber ist der Sauger nicht. Er weiß auch, dass er seine Beute nicht ganz ausbluten lassen darf. Sonst hätte er ja nichts mehr von ihr. Das wäre doch zu schade! Er zieht ihr immer nur so viel Energie ab, dass sie es verkraftet. Dann lässt er sie gehen. Bis zum nächsten Mal.

## Sauger auf dem Vormarsch

Energiesauger hat es schon immer gegeben. Nicht nur in den Karpaten. Überall. Es gab Sklaventreiber (oder Feldherren, Fabrikbesitzer), die noch den letzten Blutstropfen aus anderen herauspressten. Und in der guten alten Zeit litt so manche Großfamilie unter einem Tyrannen oder Intriganten, den alle mieden, ohne sich wirklich entziehen zu können, unter einem, der schwer zu verkraften war, weil er jedem die Kraft nahm. Das war früher. Früher ist lange her. Sauger aber gibt es immer noch. Und: Es gibt immer mehr davon.

Denn einerseits haben wir es hier mit Wiederholungstätern zu tun, die von klein auf mit viel Fremdenergie gepäppelt wurden und nun das Saugen nicht mehr lassen können. In früheren Generationen wurde der Nachwuchs meist knapp gehalten und musste bald auf eigenen Füßen stehen. Nicht aus bösem Willen, sondern weil einfach nicht mehr zum Verteilen da war. Seitdem in den Wirtschaftswunderjahren der 6oer-Jahre der Wohlstand eingekehrt ist, hat sich das dramatisch geändert. Kinder werden zunehmend in

Watte gepackt und immer mehr und immer länger mit elterlicher Energie gespeist. Weil die Alten es sich leisten können, werden die Jungen auch dann noch mit durchgefüttert, wenn sie ganz so jung nicht mehr sind. Das Nesthocker-Syndrom greift um sich. Da ist es nur natürlich, wenn ein Teil dieser Kinder später, im Erwachsenenleben, wie selbstverständlich Anspruch auf Versorgung erhebt. Das Saugen an fremden Hälsen ist ihnen ja quasi anerzogen worden. Der eine oder andere kann es dann ein Leben lang nicht lassen.

Andererseits weckt Fülle stets Begehrlichkeiten. In Wohlstandsgesellschaften wie der unseren entsteht leicht das Gefühl, zu kurz gekommen zu sein. Wie viel wir auch haben, stets gibt es jemanden, der mehr hat. Und angesichts des grenzenlosen Reichtums und der vordergründig heilen Welt, die uns in Glamour-Shows und TV-Serien tagtäglich vor Augen geführt werden, wirkt die Misere des Einzelnen doppelt schlimm. Nicht jeder kann das ertragen. Schon gar nicht einer, der zum Vampir veranlagt ist. Dieses Glitzern und Funkeln, aber auch der Glanz in den Augen von Menschen, denen es einfach gut geht, die Freude haben und das Leben genießen, das ist das Licht, das ihm so zusetzt und ihn in seine Gruft zurücktreibt. Er zerfließt sowieso schon vor Selbstmitleid, und aufgrund solcher Bilder muss er auch noch vor Neid zerfließen. Daheim in seiner Schattenwelt sinnt er sogleich auf Rache: Wenn es ihm schon nicht gut geht, sollen auch die anderen leiden. Wo ist das nächste Opfer?!

Und noch ein weiterer Faktor beschleunigt die Verbreitung des energetischen Vampirismus: In einer Gesellschaft, in der sich der Wert eines Menschen an seiner Leistung bemisst und nur der wichtig ist, der rund um die Uhr zu tun hat, ist Stress zu einer Art Markenzeichen geworden. Wer keinen hat, der kann nicht mitreden. Bis acht Uhr abends im Büro? Für viele Menschen längst raue Wirklichkeit! Wo er doch so spät anfängt, wollen wir den Feierabend umso mehr genießen. Ausgehen, Sport treiben, Fernsehen – und das alles bis in die Puppen. Am nächsten Morgen klingelt um sechs der Wecker. Zerschlagen rappeln wir uns hoch, trinken Kaffee, um wach zu werden und stürzen uns in den Tag. Irgendwann sind wir völlig ausgepowert. Da ist es nur zu verständlich, wenn der eine oder andere angesichts des allgemeinen Mangels auf die Idee kommt, seine Energiereserven auf fremde Kosten aufzupäppeln. Ein bisschen Saugen wird doch noch erlaubt sein!

## Transsilvanien ist in uns

Wenn der Vampir neben uns steht, brauchen wir nicht stehen zu bleiben. Haben wir ihn erst einmal als solchen erkannt und damit seine Strategie außer Kraft gesetzt, können wir uns jederzeit entziehen. Er versucht zwar, uns beharrlich wie ein Schatten auf den Fersen zu bleiben, aber er ist eben nur ein Schatten. Leuchten wir ihn an, verschwindet er.

Anders sieht es aus, wenn der Vampir in uns selber steckt. Wir alle kennen diese widerstreitenden Stimmen in unserem Kopf, die uns mal auf die Schulter klopfen (»Das hast du wirklich gut gemacht!«), ein andermal regelrecht in die Pfanne hauen (»Wie konntest du nur so blöd sein!«). Wozu uns die eine rät (»Das ist eine todsichere Sache!«), davor warnt uns die andere (»Ja, ja, so sicher wie der Tod!«). Eine dieser Stimmen aber meldet sich mit besonderem Nachdruck zu Wort. Sie sitzt uns ständig im Nacken, um uns anzutreiben. Kaum ist das eine Projekt abgeschlossen, jagt sie uns zum nächsten. Pause? Gibt's nicht! Wo doch noch so viel zu tun ist! Mal lockt sie uns mit Lob oder Versprechungen, mal peitscht sie uns mit Gewissensbissen. Nur zur Ruhe kommen lässt sie uns nicht. Sie hetzt uns, bis wir auf dem Zahnfleisch daherkommen, doch selbst dann lässt sie nicht locker.

Unter ihrem Einfluss betreiben wir Raubbau an unseren Kräften. Oder ist *sie* es, die den Raubbau betreibt? Die uns auf Touren bringt, damit das Blut schön wallt und beim Saugen besser sprudelt? Eine innere Schattengestalt? Der Dracula in uns? Keine Angst! Noch ist nicht alles zu spät. Er lässt sich bändigen und umerziehen, sodass er uns am Ende sogar nützlich ist. Auf Seite 185ff. (»Visualisierungsübung«) haben Sie Gelegenheit, ihm beherzt gegenüberzutreten.

## Wechselwirkung zwischen Vampir und Opfer

Spätestens seit Todd Brownings Verfilmung des berühmten Stoker-Romans stellen wir uns einen Vampir als gut aussehenden Aristokraten vor, dessen Anblick dem weiblichen Opfer wohlig-lüsterne Schauer über den Rücken jagt. Die insgeheime Fantasie, einmal in diesen Umhang gehüllt zu werden und sich diesem Mann hinzugeben, geisterte durch die Träume ganzer Frauengenerationen. Es hat schon etwas Erotisches, das Blut von seinen Lippen tropfen zu sehen.

Der Energiesauger kann ebenso schillernd und faszinierend sein wie der transsilvanische Graf. Von ihm ausgesaugt zu werden treibt uns zwar kräftemäßig an den Abgrund, kann aber durchaus etwas Lustvolles haben, zumal wenn wir uns auf eine heimliche Liebschaft mit ihm einlassen. Dann schürt der Reiz des Verbotenen den erotischen Genuss, mit dem wir seinen Biss empfangen. Und statt uns vor unserem Peiniger zu schützen, warten wir bald sehnsüchtig auf seine nächste Attacke.

Ein andermal aber wirkt der Energiesauger wesentlich profaner – eine traurige Gestalt, die sich selbst am meisten Leid tut. Tritt er uns in diesem Gewand gegenüber, sind wir nicht vom seidigen Schimmer seines Capes geblendet, sondern es steigt uns nur der muffige Geruch in die Nase. Am liebsten würden wir das Weite suchen. Warum tun wir es bloß nicht? Warum bleiben wir selbst dann, wenn uns dieser Mensch unsympathisch ist oder auf die Nerven geht?

Wie auch immer uns ein Energiesauger gegenübertritt – ob als Heulsuse oder Großmogul –, es sind keine Äußerlichkeiten, mit denen er uns ködert. Wie ein Heiratsschwindler gibt er uns das Gefühl, bewundert, geschätzt oder gar geliebt zu werden.

Er hat Dauerschulden? Und die Gläubiger rennen ihm schon die Bude ein? Was, wenn sie ernst machen? Wenn sie ihm wirklich die Russenmafia auf die Fersen hetzen? Wir würden es uns nie verzeihen, ihm nicht mit ein paar Euro ausgeholfen zu haben. Ein Scheinchen mehr oder weniger, was ist das schon angesichts dieser Gefahr? Wie gut, dass er uns hat. Die Retterin in der Not.

Sie muss dringend zum Arzt und hat niemanden für die Kinder? Sie ist schon eine arme Haut! Dauernd krank! Und dann noch drei Bälger am Hals! Und niemand, der ihr helfen könnte. Niemanden außer uns. Zugegeben, im Moment ist es etwas schwierig. Eigentlich wollten wir ja heute die Unterlagen für die Steuererklärung zusammenstellen. Das Finanzamt hat schon mit Zwangsgeld gedroht. Aber wir können sie doch nicht hängen lassen. Sie ist doch krank ... Und dann kommt sie zurück, holt ihre Kinder ab und schwatzt noch stundenlang an der Tür. Muss sich endlich mal die Sorgen von der Seele reden. Was wäre sie ohne uns? Sie ist uns ja so dankbar.

Der Sauger und sein Opfer leben in einer Art Symbiose nach dem Motto: Tausche Bewunderung gegen Energie. Und wer möchte nicht bewundert werden? Dieses Gefühl ist es, das uns stillhalten lässt. Das uns das Nein im Hals erstickt. Das uns lähmt, bis wir wie ein Karnickel vor der Schlange sitzen. Und willig bieten wir den entblößten Hals zum Biss.

Nun könnte man meinen, der Vampir müsse bei all dem Energienachschub aus fremden Quellen dick und fett und prall vor Leben sein. Ist er aber nicht. Auch Dracula konnte noch so viel von Lucys Blut in sich hineinsaugen – er war und blieb ein Schattenwesen, sein Schlafplatz blieb der Sarg. Das Saugen an fremden Hälsen macht eben nicht lebendig. Mit dem Vampirismus verhält es sich wie mit der Drogensucht. Die geraubte Energie gibt dem Sauger die vorübergehende Illusion von Lebenskraft. Das ist sein Kick. Den sucht er immer wieder, in immer kürzeren Abständen. Bekommt er ihn nicht, fühlt er sich leer und hohl, einsam und verlassen, hilflos und verloren. Er verlernt, Energie aus seinen eigenen Quellen zu schöpfen. Ja, er meint, gar keine eigenen Quellen zu haben.

So zahlen letztlich beide drauf: Der Sauger macht sich von seinem Opfer abhängig. Er verliert seine Eigenständigkeit, Unabhängigkeit und Selbstverantwortlichkeit und ist damit zu einem Schattendasein in der Gruft verdammt. Das Opfer blutet langsam aber sicher energetisch aus. Wird schwächer und schwächer ... und am Ende nicht selten selbst zum Vampir.

## Checkliste: Was habe ich vom Ausgesaugtwerden?

- Fühle ich mich XY überlegen?
- Verschafft es mir Genugtuung, wenn XY auf meinen Rat hin der Lösung seiner Probleme einen kleinen Schritt näher kommt?
- Empfinde ich es als Ehre, ausgerechnet für XY tätig werden zu dürfen?
- Habe ich den Eindruck, ohne mich würde XY es niemals schaffen?
- Würde ohne mich der ganze Laden binnen kürzester Frist zusammenbrechen?

## Die Endlichkeit des Lebenssaftes

Ob als Gentleman mit guten Manieren und blutig-roten Lippen wie auf der Kinoleinwand oder als niedliches, doch unverstandenes Mönsterchen wie im Kinderbuch – so schaurig Vampirgeschichten auch sein mögen, so romantisch verklärt ist unsere Vorstellung von den Untoten. Und mit einer wohligen Gänsehaut verfolgen wir, wie die Opfer mit jedem abgezapften Blutstropfen immer mehr ermatten und körperlich verfallen.

Auch ein Energiesauger lässt sein Opfer kräftig zur Ader. Hat er mit seinem unsichtbaren Beißwerkzeug bei uns angedockt, spüren wir bald erste Anzeichen von Müdigkeit. Wir schieben es auf die schlechte Luft im Raum oder die späte Stunde, wenn uns mitten im Gespräch urplötzlich das Gähnen überkommt und uns die Lider schwer werden. Eigentlich wäre es längst Zeit, zu Bett zu gehen. Aber unser Gast erzählt und erzählt. Er schüttet uns so richtig das Herz aus. Ihn zu unterbrechen wäre einfach unhöflich. Und so wird es Mitternacht, ein Uhr, zwei Uhr … Am nächsten Morgen sind wir völlig erschlagen und wissen: Wir hätten ihn doch früher hinauskomplimentieren sollen! Haben wir aber nicht. Und so zahlen wir den Preis. Wieder einmal.

Im Prinzip ist das nicht weiter schlimm. Gelegentliche Saugangriffe verkraftet jeder Mensch. Sie sind wie Moskitostiche: Sie sind zwar lästig und jucken unangenehm, aber schon nach kurzem sind sie verheilt und vergessen. Kritisch wird es erst, wenn wir es zulassen, dass unsere Depots über längere Zeit geplündert werden, wenn wir einen Vampir an unserer Seite dulden, der uns quasi per Dauerkatheter die Energie abzieht. Dann kann die vorübergehende Unausgeschlafenheit leicht zur chronischen Erschöpfung werden. Die aber bereitet den Boden für diverse Krankheiten – bis hin zu den bösartigen. Lassen wir uns aussaugen, wird uns über kurz oder lang der Lebenssaft knapp.

Beim Umgang mit Vampiren heißt es also: »Er oder ich!« Wir müssen uns ihm entziehen – aus reinem Selbstschutz. Selbst wenn er Zeter und Mordio schreit, selbst wenn er uns mit großen Augen noch so flehentlich anschaut, uns das Blaue vom Himmel verspricht, mit Selbstmord oder Schlimmerem droht ...

Auch für die Vampirjäger war es ein innerer Kampf, zu Hammer und Pflock zu greifen, um Dracula zu pfählen. Doch sie mussten es tun. Um der Lebenden willen mussten sie dem Untoten ein für allemal den Garaus machen.

Gehen wir also beherzt ans Werk!

# II

# Die neun Andockstrategien

»Sie fuhr fort, mir ihre Bitte zu unterbreiten, und sie
tat es so, als erwiese sie mir eine Gnade, und nicht,
als bäte sie um einen Gefallen. Allerdings war es nur
ihr Gebaren, das diesen Eindruck erweckte, und sie
selbst schien sich dessen nicht bewusst zu sein.«

SHERIDAN LEFANU, CARMILLA

Beim Lesen von Vampirgeschichten stoßen wir immer wieder auf sehr ähnliche Schilderungen darüber, wie die Angegriffenen in Gegenwart des Untoten in einen tranceähnlichen Zustand oder Schlaf fallen, der sie zu jedem Widerstand unfähig macht. Einmal sind sie von der sinnlich-erotischen Ausstrahlung des Saugers betört, ein andermal vernebelt ihnen die Neugier über seine geheimnisvolle Herkunft den Verstand. Je nach Naturell macht es ihnen seine ausgesuchte Höflichkeit oder erlesene Bildung schwer, sich ihm zu entziehen – oder aber seine erdrückende Präsenz: In Bram Stokers Geschichte *Draculas Gast* legt sich der blutsaugende Wolf direkt auf den Brustkorb des nächtlichen Wanderers, so schwer, dass dieser kaum noch atmen kann. Und stets spricht aus den Zeilen eine sonderbare Mischung aus Faszination und Widerwille, aus Zuneigung und Abscheu, die der Vampir in seinem Opfer auslöst.

Wie die Wiedergänger der Weltliteratur löst auch der Energiesauger widerstreitende Gefühle in uns aus. Obgleich wir uns in seiner Gegenwart nicht ganz wohl in unserer Haut fühlen, fällt es uns doch schwer, uns ihm zu entziehen. Eigentlich würden wir ihn gern loswerden, und doch bringen wir es nicht fertig, ihn abzuschütteln. Um uns in diese eigenartige Duldungsstarre zu versetzen, verfügt der Energiesauger über ein Arsenal an Strategien, auf die er ganz nach Belieben zugreifen kann. Ob er mit großen Versprechungen lockt, mit leidendem Blick an unsere Hilfsbereitschaft appelliert, uns mit Frechheit überrollt oder uns mit Liebesgeflüster die Sinne vernebelt – das Ergebnis bleibt immer das Gleiche: Wie hypnotisiert tun wir, was er von uns will, auch wenn uns unser Gefühl sagt, es lieber bleiben zu lassen.

## Wissen ist Macht

Frauen, die gern auf andere Menschen zugehen und ein offenes Ohr für deren Sorgen und Nöte haben, werden von Energiesaugern umschwirrt wie ein Schnakenschwarm von Fledermäusen. Nun gäbe es eine einfache, radikale Lösung, um sie sich vom Hals zu schaffen: den Rückzug antreten und sich nicht mehr unters Volk mischen. Das aber wäre unzumutbar! Uns aus lauter Angst vor möglichen Saugern daheim im stillen Kämmerlein zu verschanzen, würde uns zwar nicht so viel Energie, aber umso mehr Freude rauben. Erleben wir denn nicht gerade im Umgang mit anderen Menschen unsere größten Glücksmomente? Fühlen wir uns nicht erst im Kreise anderer so richtig wohl, geborgen und gut aufgehoben? Es gibt schließlich nicht nur Vampire!

Es geht also darum, uns einerseits vor energetischer Ausplünderung zu schützen (siehe hierzu Kapitel 4, »Der energetische Schutzschild«, Seite 157ff.), uns andererseits aber auch unsere Offenheit, unsere Herzenswärme und unser Mitgefühl zu bewahren – ein Balanceakt, zugegeben. Damit er gelingt, kommt es in erster Linie darauf an, achtsam zu sein. Einen Vampir zu enttarnen, ihm auf die Schliche zu kommen, seine Masche zu durchschauen, heißt schon halb, ihn in die Flucht zu schlagen, denn nichts ist ihm mehr zuwider als das Licht der Erkenntnis.

Das gilt für jede Art von Sauger, selbst wenn es auch unter ihnen deutliche Intelligenzunterschiede gibt. Die schlichteren Gemüter beherrschen nur eine Strategie und müssen sich genau das Opfer wählen, das auf eben diese Masche anspricht. Wenn es immun dagegen ist, haben sie Pech gehabt. Die Cleveren aber sind Universaltalente. Sie verfügen über ein hoch entwickeltes Sensorium, dass ihnen genau verrät, welche Masche bei wem am vielversprechendsten ist und womit sie uns im jeweiligen Augenblick am besten ködern können. Sie sind die Meister unter den Vampiren.

Doch wie auch immer es um den IQ des Energiesaugers bestellt sein mag, es gilt auf jeden Fall der alte Spruch, dass Wissen Macht bedeutet. Schauen wir einem Sauger nämlich ganz bewusst dabei zu, wie er unsere Kraftreserven plündert, kommt uns unser Unterbewusstsein zu Hilfe: Einem reflexartigen Instinkt folgend machen wir die Schotten dicht und kappen so die Energiepipeline. Gut möglich, dass dieser Vorgang von einem Gefühl der Wut oder des Aufbegehrens begleitet ist. Sätze wie: »So nicht!« oder »Nicht mit mir!« schießen uns durch den Kopf. Alles in uns sträubt sich, auf so dreiste Weise manipuliert und ausgenutzt zu werden. Und genau diesen Impuls brauchen wir, um unsere Sinne aus der uns aufgezwungenen Umnachtung befreien zu können und wieder handlungsfähig zu werden. Statt den Vampir mit ständiger Umsorgung am »Leben« zu erhalten, erinnern wir uns daran, dass wir selbst vielleicht auch Hunger haben könnten. Er mag uns noch so mächtig erscheinen, letztlich ist der Vampir ein Angsthase. Er will saugen, weil er nur wenig eigene Substanz besitzt. Womöglich brauchen wir ihm nicht einmal die Zähne zu zeigen. Oft reicht schon das Knurren unseres Magens, um ihn in die Flucht zu schlagen.

Pusten wir also die Nebelschwaden beiseite, und schauen wir genau hin! Bestimmt kommt Ihnen die eine oder andere der »Andockstrategien«, die auf den nächsten Seiten vorgestellt werden, bekannt vor. Die folgende Übersicht ist eine Art Who-is-Who der Energie saugenden Dämonenwelt. Sie liefert nicht nur die wichtigsten Stichpunkte zur Entzauberung, sondern zeigt auch, welcher Frauentypus für welche Masche besonders anfällig ist. So ziehen weichherzige, zarte Gemüter wie die Lucy aus dem Dracula-Roman Vampire aus dem Heiratsschwindler-Lager an, die vor dem strengen Auge der unabhängigen, durchsetzungsstarken Lara-Croft-Frau kaum bestehen könnten. Sie muss stattdessen mit Attacken des Seitenspringers rechnen, der ihre Abwehrmechanismen im Überraschungsangriff außer Kraft setzt und sie so gefügig macht.

Natürlich ist diese Aufteilung in Lucy- und Lara-Typ grob verein-fachend – keine Frau ist nur Lucy oder nur Lara, jede trägt beide Sei-ten in sich, mal sind sie stärker und mal schwächer ausgeprägt. Es soll vielmehr deutlich werden, an welcher dieser zwei Flanken wir jeweils am angreifbarsten sind. Und solche Tendenzen aufzuzeigen gelingt nun einmal am besten in der Gegenüberstellung von Schwarz und Weiß. Für die Grautöne dazwischen ist Raum im eige-nen Kopf.

Und der Vampir an Ihrer Seite? Wie schleicht er sich an Sie heran?

## Die neun Andockstrategien im Überblick

| Strategie/Masche | Opfertyp | Motiv des Saugers | Druckmittel |
|---|---|---|---|
| Heiratsschwindler | Lucy | Gier | Versprechungen |
| Häschen | Lara | mangelnde Eigenverantwortung | Hilflosigkeit, Unbedarftheit |
| Guru | Lucy | Größenwahn | Wissensvorsprung, Geheimniskrämerei |
| Seitenspringer | Lara | Feigheit | Liebesentzug |
| Säufer | Lucy und Lara | Enttäuschung | Weltschmerz |
| Schnorrer | Lucy und Lara | chronische Unzufriedenheit | leidvolles Schicksal, Benachteiligung |
| Beste Freundin | Lucy und Lara | Konkurrenz | Intrige |
| Bewunderer | Lara | Neid | Erwartungen |
| Selbstmörder | Lucy und Lara | Angst vor Einsamkeit, Angst vor Eigenverantwortung | Suiziddrohung |

| Appelliert an | Thema | Lösung |
|---|---|---|
| Ehrgeiz, Sehnsüchte, Träume | Hoffnung | Schulung des Realitätssinns |
| Mutterinstinkt, Macherqualitäten | Selbstständigkeit | Nein sagen |
| Versagensängste, Unselbstständigkeit | Autoritätsfixiertheit | kritisches Hinterfragen |
| Bedürfnis nach Nähe | Klarheit | Entscheidung |
| Aufopferungsbereitschaft, Einfühlungsvermögen | Depression versus Lebensfreude | schonungsloses Hinschauen |
| Hilfsbereitschaft, Höflichkeit | Maßlosigkeit | Grenzen setzen |
| Minderwertigkeitsgefühle | Macht und Loyalität | Konfrontation, Ironie |
| Eitelkeit | Eigenwert | Gelassenheit, Demut |
| Verantwortungsgefühl | Manipulation | professionelle Hilfe (notfalls Psychiatrie) |

# Die Heiratsschwindler-Masche oder »Ich lege dir die Welt zu Füßen«

Beginnen wir mit einer der gemeinsten vampiristischen Andockstrategien überhaupt: der Heiratsschwindler-Masche. Dieser bedienen sich nicht nur seriös wirkende Herren im Zweireiher mit tadellos gescheiteltem Haar, die sich auf der Jagd nach einsamen Herzen befinden, sondern auch durchaus respektable Zeitgenossen wie Bausparvertreter, Investitionsberater oder Künstler-Agenten. Auch so mancher Vorgesetzte fällt in diese Kategorie.

Während die einen ihr Opfer mit Eheversprechen ködern, locken die anderen mit saftigen Prämien, lukrativen Folgeaufträgen, lohnenden Karrieresprüngen oder dem ganz großen Ruhm. Der einzige Unterschied: Die einen klinken sich bei uns auf der Gefühlsebene ein, die anderen auch auf der wirtschaftlichen. Allen gemeinsam ist die einschmeichelnde Art, mit der sie ihre Beute umgarnen und ihr allerhand wunderbare Dinge in Aussicht stellen – Dinge, die wie eine Fata Morgana am Horizont bleiben und sich in nichts auflösen, sobald wir nach ihnen greifen wollen. Wie Kaa, die Dschungelbuch-Schlange, fixieren sie ihr Opfer mit ihrem Blick und säuseln ihm betörende Worte ins Ohr, bis es nicht mehr klar denken kann und ihnen wie hypnotisiert zu Willen ist. Jetzt rückt es für den Energiesauger das dicke Sparbuch heraus oder malocht für ihn rund um die Uhr.

An dieser Stelle sei ausdrücklich betont, dass sich die energetische Ausplünderung nicht auf das Abzapfen unsichtbarer Kraftströme beschränkt. Oftmals wechseln dabei ganz handfeste Werte den Besitzer. Persönlicher Einsatz und Arbeitsleistung kosten uns ebenso viel Energie wie das direkte Saugen an unserem Hals. Und auch Geld oder persönliches Eigentum haben wir uns unter gehörigem Kräfteverzehr erwirtschaftet. Es handelt sich dabei gewissermaßen um erstarrte, zu Materie gewordene Energieformen. Ein Betrüger, der uns unter Vorspiegelung falscher Tatsachen um unser Erspartes bringt, ist ebenso ein Vampir wie ein Chef, der uns mit vollmundigen, aber nicht ernst gemeinten Beförderungsversprechungen jeder freien Minute beraubt.

Sehen wir einmal einem solchen Sauger bei der Arbeit zu:

## Der Fall Agrali

Sabine (35), verheiratet, zwei Kinder, ist Geschäftsfrau. Sie bietet auf freiberuflicher Basis Bürodienste für ausländische Unternehmen an, die keine eigene Dependance in Deutschland gründen, trotzdem aber einen Ansprechpartner hier im Land haben möchten. Eines Tages klingelt das Telefon, und ein langjähriger Kunde avisiert ihr den Besuch eines Geschäftsfreundes, der in der Türkei einen Bergbaubetrieb leitet. Sie solle ihn bei Kreditverhandlungen mit diversen Banken begleiten. Sabine sagt sofort zu, schließlich gehört diese Art von Betreuung zu ihrem Job, und so trifft sie den Mann, einen Herrn Agrali, wie vereinbart ein paar Tage später in der Halle eines großen Hotels. Eine imposante Figur. Mindestens hundert Kilo. Er ist ihr auf den ersten Blick sympathisch.

Gleich beim anschließenden Gespräch berichtet er ihr mit leuchtenden Augen und in gebrochenem Englisch von seinen hoch fliegenden Plänen. Nicht ein paar hunderttausend Euro will er zur Sanierung seines Unternehmens aufbringen, sondern gleich ein paar Millionen. Sabine stutzt, als sie die Zahlen hört, doch seine ganze Erscheinung weist ihn als Mann von Welt aus: die teure Uhr am Handgelenk, die Qualität des Anzugs, die Selbstverständlichkeit, mit der er sich in der Halle des Luxushotels bewegt ... Wenn ihr angesichts solcher Größenordnungen auch ein bisschen bang ums Herz ist, freut sie sich doch insgeheim, endlich einmal einen großen Fisch an Land gezogen zu haben. Mit diesem Auftrag würde sie bestimmt nicht nur ein paar Peanuts verdienen.

Ursprünglich wollte Herr Agrali nur ein paar Tage bleiben, aber die Verhandlungen ziehen sich hin, zwei, drei Wochen vergehen – so ist das eben in Deutschland, nichts als bürokratische Hürden. Sabine hat alle Hände voll zu tun, zu telefonieren, Unterlagen aufzubereiten und ständig neue Formulare auszufüllen – und ihr Auftraggeber sitzt fast täglich von morgens bis abends mit ihr im Büro. Ihre übrige Arbeit erledigt die junge Frau im Eilschritt nebenher. Seine Angelegenheiten sind dringlicher. Außerdem wird sie für ihre Mühen entschädigt. Herr Agrali lässt es nicht zu, dass sie nach der Arbeit auch noch in der Küche steht. Abend für Abend lädt er die ganze Familie zum Essen ein. Die Kinder sind sichtlich begeistert vom neuen Geschäftspartner ihrer Mama. Ehemann Jörg auch. Auf die Mitteilung, dass Herr Agrali inzwischen plant, in Deutschland eine Import/Export-Firma zu gründen, deren Leitung seine Frau übernehmen soll, reagiert er aber doch mit gemischten Gefühlen. Da er seiner Frau nicht ins Geschäft hineinreden will, behält er seine Zweifel für sich.

Etwa ein Monat ist vergangen, als Sabine und ihr Mann Herrn Agrali anbieten, in ihr Gästezimmer einzuziehen. Er ziert sich erst ein wenig, nimmt aber schließlich dankend an. Sabine ist froh darüber, denn sie weiß, dass ihrem Gast langsam das Geld ausgeht. Vier Wochen im Luxushotel, das reißt ein Loch ins größte Budget. Und dann noch der aufwändige Lebensstil. Immer öfter besteht Sabine darauf, doch selbst zu kochen. Er könne ja die Einkäufe bezahlen. Kaum hat sie es ausgesprochen, zieht er los und kommt mit einer Großlieferung Lebensmittel zurück. Dazu Geschenke für die ganze Familie. Kein billiges Zeug, nein. Teurer als jede Restaurantrechnung.

Von da an kocht Sabine. Und schuftet im Büro. Was sie tagsüber nicht schafft, erledigt sie nachts. Eine Rechnung für ihre Arbeit hat sie noch nicht geschrieben, wo der Mann doch momentan so knapp bei Kasse ist. Außerdem gehört er ja fast mit zur Familie. Im Sommer werden sie ihn alle in der Türkei besuchen. Sie haben die Bilder von seinem Haus gesehen. Was heißt Haus – ein halbes Schloss ist das! Und direkt am Meer. Wie die Könige würde er sie dort bewirten, verspricht ihnen Herr Agrali strahlend. Sein Haus sei auch ihr Haus.

Der Gedanke an diese Ferien ist das einzige, was Sabine noch auf den Beinen hält. Sie ist völlig erschöpft. Wenn sie spätabends todmüde ins Bett fällt, kann sie nicht schlafen, so überdreht ist sie. Als ihr Mann sagt, so könne das nicht weitergehen, Herr Agrali müsse sich auf Dauer einen anderen Kompagnon suchen, kommt es zu einem Riesenstreit. Man kann den Mann doch nicht einfach vor die Tür setzen, wo er doch so viel für sie getan hat! Und wenn erst die Finanzierung für seine Firma steht, dann kommt sie ganz groß raus! Dann braucht sie endlich nicht mehr jedem Auftrag hinterher zu rennen! Dann ist sie eine gemachte Frau! Sabine schreit ihm ihren Zorn entgegen. Dann sackt sie in sich zusammen. Heult nur noch. Ist völlig fertig mit den Nerven.

Ein paar Tage später kommt ein Anruf aus der Schweiz. Herr Agrali solle sofort kommen. Endlich sei eine Bank gefunden, die die Finanzierung übernehmen will. Sabine bringt ihn persönlich zum Flughafen. Das ist das letzte Mal, dass sie ihn sieht. Kein Anruf, kein Fax, keine E-Mail, nichts. Das Opfer ist ausgeblutet, der Vampir geht anderswo auf Pirsch.

## Kalkuliertes Risiko

Der Heiratsschwindler unter den Vampiren ist der geborene Schauspieler. So geschickt gaukelt er uns seine Trugbilder vor, dass sie oft kaum vom Echten, Wahren zu unterscheiden sind. Woher wollen wir wissen, ob sich nicht wirklich eine große Chance hinter einem Angebot verbirgt? Schließlich heißt es: Wer wagt, gewinnt. Ob in geschäftlichen oder Liebesdingen – aus lauter Angst vor Vampiren keinerlei Wagnisse einzugehen würde uns ein für allemal auf dem Status quo festnageln.

## Checkliste: Welchen hohlen Versprechungen laufe ich nach?

- Wer macht mich zum Esel? Welche Karotte lässt er/sie mir vor der Nase baumeln?
- Was bekomme ich für mein Engagement konkret zurück?
- Werde ich bei der Forderung nach Gegenleistungen immer wieder auf später vertröstet?
- Wenn ich mich für etwas stark mache: Was sagt mein Gefühl dazu? Steht es voll hinter der Sache, oder meldet es Zweifel an?

Herr Agrali war ein Sauger, er hätte aber auch ein Glücksgriff sein können. Wenn Sie eingeladen werden, das Trittbrett zum Erfolg zu betreten, dann nehmen Sie sich Zeit, Ihren Partner genau zu studieren. Testen Sie seine Zuverlässigkeit, indem Sie sich schrittweise auf kleine, überschaubare Risiken einlassen. Und wenn er in leuchtenden Farben eine prachtvolle Zukunft entwirft, dann setzen Sie sich innerlich ein Zeitlimit: Rom wurde auch nicht an einem Tag erbaut, aber irgendwann waren doch erste Häuser und Straßen da. Ganz konkret. Zum Anfassen. Trägt Ihre Arbeit innerhalb der gesetzten Frist Früchte, umso besser. Wenn nicht: Geben Sie noch ein bisschen Zeit zu, damit Sie sich später nicht vorwerfen können, zu früh aufgegeben zu haben. Aber wenn es dann immer noch

nichts zu ernten gibt, dann vergessen Sie die Sache! Ein für allemal.

Und der Vampir? Drücken Sie ihm ohne große Worte eine detail-
lierte, sachliche Aufstellung all der Dinge in die Hand, die Sie ihm
bislang in den Rachen geworfen haben. Legen Sie schwarz auf weiß
fest, bis wann genau Sie die entsprechenden Gegenleistungen erwarten. Lassen Sie sich auf keine Diskussionen ein, er würde nur
versuchen, Sie mit neuen Versprechungen einzulullen. Wie auch
immer er reagieren mag, dulden Sie keinen weiteren Aufschub. Sie
haben nichts zu verlieren! Wenn Sie großes Glück haben (und er
nicht völlig pleite ist), macht er womöglich den materiellen Schaden
wieder gut, den er angerichtet hat. Mit sehr viel größerer Wahr-
scheinlichkeit aber wird er verschwinden. Das Cape bläht sich noch
einmal kurz im Wind, dann ist er fort. Zurück bleibt nichts als Schall
und Rauch.

Andockstrategie Nr. 2:

## Die Häschen-Masche oder
## »Ich bin klein und unbedarft«

Im krassen Kontrast zum selbstbewussten Auftreten des Heirats-
schwindler-Vampirs steht das Verhalten des Saugers mit der Häschen-Masche. Er schlüpft in die Kindchenrolle und startet mal mit
verschrecktem Blick, ein andermal mit strahlendem Lächeln und un-
bedarftem Augenaufschlag einen Frontalangriff auf die Mutterins-
tinkte seines Opfers. Ob der Ehemann, der vorgibt, nicht einmal ein
Brot schmieren zu können und wie selbstverständlich darauf wartet,
dass ihm die Gattin die Schnittchen reicht, oder die Nachbarin, die

sich weigert, Gebrauchsanleitungen zu lesen und ohne unsere Hilfe weder den Videorekorder programmieren noch ihren Radiowecker auf Sommerzeit umstellen kann – diese Taktik ist einfach und funktioniert immer. Helfernaturen gibt es überall. Oder ketzerischer gesagt: Jeden Tag steht eine Dumme auf. Und der Vampir meint, ihr einen Gefallen zu tun, gibt er ihr doch das Gefühl, gebraucht zu werden.

Gelegentlich ist jeder Mensch auf die Hilfe anderer angewiesen: Der eine kommt allein nicht mit der Steuererklärung zurecht, der andere steht mit dem PC auf Kriegsfuß, wieder ein anderer hat zwei linke Hände im Umgang mit Nähnadeln oder Kochtöpfen. Und immer gibt es andere, die ausgerechnet das besonders gut können, die geradezu virtuos mit Finanzformularen, Computern, Schneiderutensilien und Küchengeräten hantieren. Sie erledigen im Handumdrehen, wozu ein anderer Stunden brauchen würde. Im Optimalfall ergänzen wir uns gegenseitig. Wir helfen unserer Freundin beim Anlegen ihres Vorgartens, dafür färbt sie uns die Haare. Wir büffeln mit ihrer Tochter für die Englischarbeit, sie montiert an unserem Auto die Winterreifen. Eine Hand wäscht die andere. Ein gelungenes Miteinander, von dem beide etwas haben.

Manchmal jedoch beherrscht die eine alles, der/die andere aber nichts – nichts, außer der Häschen-Masche. Das sieht dann etwa so aus:

## Der Fall Susanne

Gerda (40), geschieden, eine Tochter, kennt Susanne schon seit ihrer gemeinsamen Schulzeit. Früher, als sie beide noch verheiratet waren, sind sie ab und an zu viert essen gegangen, und manchmal kam Susanne nachmittags auf eine Tasse Kaffee vorbei. Eine eher lockere Verbindung, bis Susanne am Heiligen Abend kurz vor der Bescherung auf einmal heulend vor der Tür steht. Ihr Mann habe ihr soeben mitgeteilt, dass er sich scheiden lassen wolle. Ob sie ein wenig bleiben könne, allein hielte sie es in der leeren Wohnung nicht aus. Wie könnte Gerda ihr das abschlagen, zumal sie selbst gerade erst ihre Trennung hinter sich hat und weiß, wie es sich anfühlt, sitzen gelassen zu werden. In aller Eile packt Gerda noch ein paar Notgeschenke ein und legt sie unter den Baum, um Susanne das Gefühl zu geben, bei der Bescherung dazuzugehören. Und sie besteht darauf, dass sie wenigstens über die Feiertage bleibt. Danach würden sie weitersehen. Dankbar nimmt die Freundin das Angebot an.

Eigentlich ist Gerda froh darüber, die Festtage nicht allein mit Tochter Nadja verbringen zu müssen, denn auch bei ihr ist es das erste Weihnachtsfest ohne Mann. So ganz ohne erwachsene Gesellschaft hätte sie sich sicher einsam gefühlt. Die beiden Frauen verstehen sich gut, und so wird die Einladung bis ins neue Jahr ausgedehnt; bis dahin hat Gerda Urlaub. Gemeinsam gehen sie in Sabines Wohnung, um ein paar Sachen zusammenzupacken. Der Mann ist nicht da, und auf Gerdas Rat hin nutzen sie die Gelegenheit, in seinem Arbeitszimmer nach Kontoauszügen und anderen Unterlagen zu suchen, um sich wenigstens eine grobe Vorstellung über die finanziellen Verhältnisse zu verschaffen. Es hat sich nämlich herausgestellt, dass Sabine in dieser Hinsicht alles andere als gut informiert ist. Um solche Angelegenheiten hat sie sich in der Vergangenheit nie gekümmert, das hat sie alles ihrem Mann überlassen. Sie hat noch nie einen Kontoauszug in der Hand gehabt, weiß nicht, ob ihre Eigentumswohnung abbezahlt oder noch fremdfinanziert ist, hat keine Ahnung, ob es irgendwelche Gelder gibt, auf die sie kurzfristig zugreifen kann.

Insgeheim schüttelt Gerda den Kopf über so viel Naivität. Gleich nach dem Abendessen setzt sie sich an ihren Schreibtisch und brütet bis spät in die Nacht über den Papieren. Ihre Freundin liegt schon längst im Bett, als sie fertig ist. Als sie ihr beim Frühstück stolz die Aufstellung präsentiert, winkt diese ab. »Ich versteh sowieso nichts davon. Du wirst das schon machen.« Und Gerda macht. Nicht nur, bis Sabine Anfang Januar in ihre eigene Wohnung zurückkehrt.

Ihr Mann hat inzwischen seine Sachen geholt und ist verschwunden, und ohne seine Hilfe kommt sie einfach nicht zurecht. Sie kann weder einen Kasten Sprudel besorgen (»Wenn ich nur wüsste, wo Otto so was geholt hat.«) noch ihr Auto voll tanken (»Braucht es Diesel?«). Sie weiß nicht, wie man den Fernseher bedient und hat noch nie einen Staubsaugerbeutel gewechselt. Außerdem hat sie Angst, ganz allein in der Wohnung zu sein.

Gerda zuckt jedes Mal zusammen, wenn das Telefon klingelt. Sie hört schon an Susannes Stimme, wenn es wieder mal ein Problem gibt. Und es vergeht kaum ein Abend, an dem sie sich nicht melden würde. »Ohne dich wäre ich völlig verloren«, sagt sie jedes Mal. Und Gerda springt, wann immer ihre Freundin sie braucht, auch wenn es ihr zunehmend schwer fällt. Schließlich hat sie als Alleinerziehende einiges um die Ohren. Nadja ist dreizehn und gerade in einer schwierigen Phase, im Büro geht es drunter und drüber, und dann hat sie noch ihre Mutter zu betreuen. Manchmal hat sie das Gefühl, dass ihr das alles über den Kopf wächst. In den Spiegel mag sie gar nicht mehr schauen, so fertig sieht sie aus. Sie müsste dringend mal wieder zum Friseur – wenn sie bloß wüsste wann ...

Wie üblich ist Gerda in Eile, als es passiert. Sie muss Nadja vom Sport abholen, doch der Boden im Treppenhaus ist nass, die Fliesen sind glatt wie Schmierseife; sie sucht Halt am Geländer, doch sie greift ins Leere. Notarzt. Blaulicht. Sie ist wie in Trance, erlebt das Ganze wie im Film. Nur ein Gedanke ist in ihrem Kopf: Nadja. Wer holt Nadja ab? Mühsam erklärt sie der Schwester, die sie im Krankenhaus in Empfang nimmt, dass sie unbedingt telefonieren müsse. Die hat Verständnis, ist selber Mutter, hilft ihr, das Handy aus der Manteltasche zu ziehen, wählt ihr die Nummer, hält ihr den Hörer ans Ohr. Susanne ist gleich am Apparat. »Ich hatte einen Unfall, bin in der Klinik. Kannst du mir helfen? Nadja steht vor der Turnhalle und wartet auf mich. Holst du sie für mich ab?« Nach kurzem Zögern kommt Susannes Stimme zurück: »Also, das kannst du nicht wirklich von mir verlangen! Es hat doch geschneit. Die Straßen sind bestimmt glatt. Du weißt, dass ich bei solchem Wetter nicht fahren kann ...«

Bei Gerda wird ein Oberschenkelhalsbruch und eine komplizierte Schulterfraktur diagnostiziert. Sie liegt vier Wochen im Krankenhaus. Susanne besucht sie nur ein einziges Mal. Beinahe verlegen erzählt sie, dass sie einen Mann kennen gelernt habe. Sie habe ja nie an Liebe auf den ersten Blick geglaubt, aber jetzt ... Sie kann nicht lange bleiben, denn er wartet unten im Auto. Als sie schon an der Tür ist, dreht sie sich noch einmal um: »Wir wollen möglichst schnell zusammenziehen. Das Kündigungsschreiben an den Vermieter hat er schon für mich aufgesetzt. Und die Leute von der Spedition hat er auch schon bestellt. Weißt du, der Mann hat echt eine praktische Ader.«

Gerda hat ausgedient. Sabine hat ein neues Opfer gefunden.

## Die schwache, starke Frau

Das Tückische an der Häschen-Masche ist, dass sie unser Weltbild komplett auf den Kopf stellt. Eine Frau wie Gerda soll das Opfer sein? Eine Macherin wie sie, die bestimmt nie ein Buch zum Thema »Raus aus der Opferrolle« gelesen hat, weil sie es gar nicht nötig hat? Bei klassischer Betrachtungsweise würden wir doch eher Susanne in dieser Rolle sehen, die schwache, zarte, die kein Wässerchen trüben kann. Genau mit diesem Vorurteil aber streuen wir uns selbst Sand in die Augen. Hilflosigkeit, Naivität und Unbedarftheit sind hervorragende Stoffe, um daraus Vampircapes zu schneidern. Sie schützen gar wunderbar vor der Kälte der Eigenverantwortung. Und wer sich warm und gemütlich dort hineingekuschelt hat, kann sich in aller

Ruhe auf die Parkbank setzen, während sich die anderen die Beine ausreißen. Wenn die dabei ausrutschen, haben sie eben Pech gehabt. Sie hätten ja bloß besser aufpassen müssen!

Der Erfolg der Häschen-Masche beruht auf einer Doppelstrategie: Mit seiner »niedlichen« Art weckt der Sauger zunächst den Versorgungstrieb seiner Beute, das heißt, er schlägt seine Zähne in dessen weibliche Ader. Mitgefühl zwingt das Opfer zum Stillhalten, Schuldgefühle vereiteln etwaige Ausbruchsversuche. Ist das geschehen, tastet er sich gezielt zu den eher männlichen Qualitäten vor, die in jeder Frau angelegt, bei den Macherinnen unter uns aber besonders gut ausgeprägt sind: Durchsetzungsfähigkeit, Sachkompetenz und Tatendrang. Der Energiesauger hängt bei seinem Opfer quasi an der Mutterbrust und treibt es gleichzeitig mit der Peitsche zu vermehrter Milchproduktion an. Auf Dauer zwingt diese Form der Ausbeutung selbst Frauen wie Gerda in die Knie.

## Sätze, die Sie hellhörig machen sollten

- Ich hab ja niemanden außer dir.
- Ich fühle mich ganz hilflos so allein.
- Ich hab doch solche Angst vor ...
- Was würde ich bloß ohne dich tun?
- Ohne dich wäre ich total aufgeschmissen.
- Ich kann ... nicht. Du machst das doch für mich, oder? *(Achtung, gleich beißt er/sie zu!)*
- Wirklich toll, wie du das alles kannst. *(Jetzt hört man ihn/sie schmatzen ...)*
- Ich weiß gar nicht, wie ich das wieder gut machen soll ...

## Selbsterkenntnis – der erste Schritt zur Besserung

Um uns aus den erstaunlich kräftigen Klauen dieses so zerbrechlich wirkenden Vampirs zu befreien, müssen wir zuerst einmal das Bild zurechtrücken und begreifen: Das Häschen ist der Täter! Das Opfer sind wir. Betrachten wir einmal unvoreingenommen sein bisheriges Leben. Das dürfte nicht allzu schwer fallen, denn er wäre kein Häschen-Vampir, hätte er es uns nicht in allen Einzelheiten geschildert. Bei genauem Hinsehen wird deutlich, dass er immer mindestens einen Menschen an seiner Seite hatte, der ihm alle Steine aus dem Weg geräumt hat, einen, der für ihn den Kopf hinhielt, wenn es brenzlig wurde, einen, der die Kastanien aus dem Feuer holte. Jetzt hat er uns. Und an der nächsten Straßenecke wartet der nächste gutmütige Trottel.

Schleppen Sie einen Vampir wie Susanne mit durchs Leben? Sie brauchen nicht wie Gerda im Krankenhaus zu landen, um ihn sich vom Leib zu halten. Es genügt ein einziges Zauberwort, um ihn in die Flucht zu schlagen: Ein simples, schlichtes Nein.

NEIN, ich kann nicht kommen.

NEIN, ich kann dir nicht helfen.

NEIN, ich bin nicht für dich da.

Er tut Ihnen Leid? Sie können ihn doch nicht einfach so im Stich lassen?

Ziehen Sie auch diesen Zahn! Er steckt noch in Ihrer weiblichen Ader.

Und dann versuchen Sie es noch einmal:

NEIN.

*NEIN.*

NEIN!

# Die Guru-Masche oder
# »Ich weiß, wo's langgeht«

Eine überaus subtile Methode, um sich Zugang zu fremden Energie-
quellen zu verschaffen, praktiziert der Vampir mit der Guru-Masche.
Er umgibt sich mit der Aura des Geheimnisvollen und vermittelt den
Eindruck, als wisse er etwas, was außer ihm keiner weiß. Statt seinen
Opfern nachzulaufen, zieht er sie wie magisch an. Sie nennen sich
Schüler, Adepten oder auch neudeutsch »Fans«, hängen ihm an-
dächtig an den Lippen und folgen beflissen jedem seiner Worte.

Vampire dieser Art treten nicht nur in der Verkleidung von Eso-
Gurus, Therapeuten oder psychologischen Beratern auf. Sie verbergen sich generell gern hinter der Maske von »wichtigen« Männern
und Frauen, zu denen andere instinktiv aufschauen, weil sie auf der
gesellschaftlichen Hierarchieleiter ein paar Sprossen höher stehen
oder als moralische Vorbilder gelten, weil sie auf ihrem Gebiet über
besondere Erfahrung oder Begabung verfügen oder einen Bildungs-
vorteil genießen – Ärzte und andere Akademiker, Seelsorger, Politi-
ker, Künstler, Chefs …

Ihr deutlichstes Erkennungszeichen: Sie haben das Ei des Ko-
lumbus gefunden (oder geben zumindest vor, es gefunden zu haben). Doch von ihrem Wissensschatz geben sie mit großzügigem
Gestus stets nur kleine Informationshäppchen preis, die, würde
man sie wie ein Mosaik zusammenfügen, nie das ganze Bild aus-
machen. Sie verraten gerade nur so viel, dass die treu ergebene Zu-
hörerschaft Appetit auf mehr bekommt – eine geniale Taktik, um sie
in Abhängigkeit zu halten. Genau das ist das Ziel des Saugers: Solange sein Opfer ihn braucht, so lange steht es in seinem Bann und
kann sich ihm nicht entziehen. Statt ihm das Licht zu bringen, da-

mit es in der Dunkelheit sehen kann, achtet er sorgsam darauf, die Fackel selbst in der Hand zu behalten. Das Opfer tastet sich mühsam seinen Weg nach vorne – immer hinter ihm her. Weigert es sich weiterzugehen, droht ihm der Vampir davonzulaufen und es allein in der Finsternis zurückzulassen. Eine unerträgliche Vorstellung!

Das Groteske dabei: Es ist gar nicht gesagt, dass ringsum wirklich Finsternis herrscht. Öffnet die Erkenntnis dem Opfer die Augen, sieht es auf einmal, dass der Vampir kräftig mit der Nebelmaschine zu Gange ist, um die Sicht zu verschleiern: mit unverständlichem Fachjargon, mit Geschwafel von Außerirdischen oder höheren Wesenheiten, mit dubiosen Heilsbotschaften, mit fragwürdigen Handlungsanweisungen oder dogmatischen Moralvorschriften. Es kann sogar vorkommen, dass ein solcher Sauger vor Vampiren warnt und uns als angeblicher Retter und Erlöser unter seine Fittiche (oder besser: sein flatterndes Cape) zu locken versucht – der oberste Draculajäger aus Bram Stokers Roman, Professor van Helsing, liefert ein perfektes Beispiel hierfür. Mit seiner Wichtigtuerei und seinen mysteriösen Anspielungen auf eine wie auch immer geartete Geheimhaltungsverpflichtung sorgt er dafür, dass alles nach seiner Pfeife tanzt. Derweil beißt Lucy ins Gras.

Die abgeklärte, gelassene Fassade der Weisheit, hinter der sich der Sauger bei all seinem Tun verbirgt, ist dünn und brüchig. Sie reißt sofort, wenn ein Kritiker auf den Plan tritt – einer, der seine Masche durchschaut. Er kann es nicht dulden, hinterfragt zu werden, denn würde er überführt und würde damit offensichtlich werden, dass er des Kaisers neue Kleider feilbietet, dann wäre es aus. Das mühsam errichtete Autoritätsgebäude würde wie ein Kartenhaus in sich zusammenfallen, und die Opferschafe wären bald auf Nimmerwiedersehen in alle Winde zerstreut. Droht dem Sauger die Bloßstellung, kann es also durchaus passieren, dass er zum aggressiven Hütehund wird, der seine Herde mit Klauen und Zähnen zusammenhält und den ketzerischen Störenfried vertreibt.

Besonders heikel wird die Sache für das Opfer, wenn es dieser Art Energiesauger nicht nur seine uneingeschränkte Bewunderung schenkt, sondern sich ihm auch sexuell hingibt. Und die Gefahr, sich auf eine solche Beziehung einzulassen, ist groß, verfügt der Guru-Vampir doch über eine geradezu charismatische Ausstrahlung. Dass er sich so rar macht, stachelt den weiblichen Jagdinstinkt erst recht an. Und auch seine herausragende Stellung hat etwas Erotisches: Welche von uns würde nicht dem Räuberhauptmann den Vorzug vor dem gemeinen Räuber geben? Ist es nicht verführerisch, wenn der, dem alle zu Füßen liegen, ausgerechnet uns erwählt? Wertet uns das nicht ungeheuer auf?

Der folgende Fall zeigt, was geschehen kann, wenn eine Frau dieser Versuchung erliegt:

## Der Fall Avatar

Als Maria (55), ledig, keine Kinder, ihn vor dreißig Jahren kennen lernte, hieß er noch Rudolf Sommer, war Rechtsanwalt und Eigentümer einer großen international agierenden Kanzlei. Sie hatte gerade ihr Studium abgeschlossen, und noch heute erinnert sie sich daran, wie sie fast ehrfürchtig durch die »heiligen Hallen« geschritten war, als sie zu ihrem Vorstellungsgespräch kam. Sie war tief beeindruckt von dem gediegenen Ambiente, und als sie schließlich zur Audienz ins Chefzimmer vorgelassen wurde, pochte ihr das Herz bis zum Hals. Sie muss wohl trotzdem einen guten Eindruck gemacht haben, denn sie wurde auf der Stelle engagiert. Und in erstaunlich kurzer Zeit arbeitete sie sich zur rechten Hand des Kanzleiinhabers hoch. Das bedeutete nicht nur, dass sie ein Büro direkt neben dem seinen bezog, sondern ihn auch auf allen Dienstreisen begleitete. Die beiden verstanden sich gut. Oder vielmehr: Herr Sommer duldete Maria in seinem Dunstkreis, in dem er sonst nur wenige Menschen tolerierte, und Maria schaute mit grenzenloser Bewunderung zu ihm auf.

Als Herr Sommer sich ihr bei einem ihrer vielen Hotelaufenthalte auch erotisch näherte, gab sie sich bereitwillig hin. Dass er zwanzig Jahre älter war als sie, war ihr egal. Auch dass er verheiratet und sie verlobt war, erschien ihr eher nebensächlich. Aufgrund ihrer Zusammenarbeit war er mit ihr ohnehin häufiger zusammen als mit seiner Frau. Und ihrem Bräutigam gab sie gleich nach ihrer Rückkehr den Laufpass, denn der hielt dem Vergleich zu Herrn Sommer – jetzt Rudolf – in keiner Weise stand.

In ihrer Verliebtheit richtete Maria ihr Leben komplett nach den Wünschen ihres neuen Gefährten aus. Sie nannte ihn ihren Gebieter, blieb bis spätabends mit ihm im Büro und harrte ganze Wochenenden neben dem Telefon aus (Rudolf rief gelegentlich an, wenn seine Frau den Hund ausführte). Sie trug die Kleidung, die er mochte, aß, was er im Restaurant für sie bestellte, las die Bücher, die er ihr empfahl, zog sich von den Freunden zurück, für die er nichts übrig hatte. Sie verabschiedete sich von ihrem insgeheimen Wunsch, einmal zu heiraten und Kinder zu haben. Und sie ertrug seine Launen. Meistens zumindest. Wenn sie doch einmal aufbegehrte, bürstete er sie ab, und sie wusste wieder, wo ihr Platz war: zu seinen Füßen.

Wirklich teilhaben an seinem Leben ließ Rudolf sie nicht, ganz abgesehen davon, dass er ja in seiner Freizeit bei seiner Frau »zu Hause« war. Von Anfang an hatte er etwas Unnahbares an sich, etwas, was sich im Laufe ihrer Beziehung noch verstärkte. Immer öfter zog er die Tür seines Arbeitszimmers hinter sich ins Schloss, um für sich zu sein – um zu studieren, wie er sagte. Und an den Wochenenden fuhr er häufig zu Treffen mit »seinem Zirkel«. Maria verstand ihn weniger denn je und hatte ständig das Gefühl, irgendetwas falsch gemacht zu haben. Warum sollte er sonst so kühl zu ihr sein? Zudem beschlich sie immer mehr das Gefühl, dass sich hinter ihrem Rücken etwas zusammenbraute …

Eines Tages – die beiden waren inzwischen seit zwanzig Jahren liiert – bestellte Rudolf sie förmlich in sein Büro. Mit bangem Herzen ließ sich Maria auf den Besucherstuhl sinken. Was hatte sie bloß getan? Sie war sich keiner Schuld bewusst. Beinahe erleichtert stellte sie fest, dass er sie nicht zitiert hatte, um ihr die Leviten zu lesen. Doch was er dann sagte, zog ihr den Boden unter den Füßen weg: Er beabsichtige, seine Kanzlei zu verkaufen, denn mit seinen bald fünfundsechzig Jahren habe er jetzt lange genug gearbeitet. Er wolle stattdessen ein spirituelles Zentrum errichten. Nicht nur, dass er sich schon immer für fernöstliche Lehren interessiert habe, er wisse auch, dass er ein Avatar sei, die Reinkarnation eines alten japanischen Zen-Meisters, der im sechsten Jahrhundert zur Erleuchtung gelangt war.

Und Maria? Was sollte aus ihr werden? Sie könne ihm ja weiterhin den Bürokram erledigen. So viel zahlen wie bisher könne er selbstverständlich nicht. Doch sie habe ja sicher einiges beiseite gelegt, in den fetten Jahren der Vergangenheit. Aber natürlich stünde es ihr jederzeit frei, sich etwas Neues zu suchen. Sie solle sich in keiner Weise an ihn gebunden fühlen.

Urplötzlich stand Maria vor der Wahl, ihn loszulassen und ins Nichts zu springen, oder an ihm festzuhalten und sich mit dem Wenigen zu begnügen, was er zu geben bereit war. Doch wie hätte sie gehen können? Sie hatte doch kein eigenes Leben mehr, hatte sich zwanzig Jahre lang von ihm am Gängelband führen lassen, hatte sich über all die Zeit hinweg wie ein Chamäleon zu der Frau gewandelt, die ihm gefallen konnte.

Ein spirituelles Zentrum also. Warum nicht? Schon bald war ein geeignetes Haus gefunden. Obwohl Maria mit der Thematik zunächst wenig anfangen konnte, stürzte sie sich mit ganzer Kraft in die neue Aufgabe, kümmerte sich um die Neugestaltung der Räumlichkeiten, organisierte die Werbekampagne, baute die Teilnehmerkartei auf und betreute die Vortragsredner – Männer aus Rudolfs altem »Zirkel« –, die zu Anfang noch des Öfteren anreisten. Schon bald aber hielt Rudolf sämtliche Kurse und Seminare selbst, denn niemand machte es ihm gut genug. Er war der Avatar, keiner konnte ihm das Wasser reichen. Keiner war erleuchtet so wie er.

Dass erotisch nichts mehr mit ihm lief, machte Maria zwar traurig, aber ändern konnte sie es nicht. Wenn sie ihn darauf ansprach, erklärte er ihr, dass er sein Qi, seine Meisterkraft, nicht an eine Einzelne vergeuden könne. Er dürfe jetzt nicht egoistisch sein, sondern müsse seiner übergeordneten Mission folgen. Damit war das Liebesverhältnis beendet. Es blieb die Arbeit, und davon gab es eine Menge, denn schon bald strömten ganze Scharen von Schülerinnen ins Haus. (Männer verirrten sich nur sehr selten dorthin, und wenn welche kamen, wurden sie durch das Platzhirschgebahren des Avatars bald in die Flucht geschlagen.) Maria hatte alle Hände voll zu tun, auch abends, auch an den Wochenenden, denn täglich fanden »Belehrungen« statt. Sie schuftete das Doppelte wie früher – und verdiente nurmehr die Hälfte.

Es tat ihr weh, als sie merkte, dass der Avatar aus seiner wachsenden Anhängerschaft einen Kreis von ergebenen (und auffallend gut aussehenden) »Meisterschülerinnen« rekrutierte, die er angeblich aufgrund von höherer Eingebung erwählte. Sie gehörte nicht zu diesem »inner circle«, denn ihr fehlte ja jeder spirituelle Erfahrungshorizont. Sie war eben die Frau fürs Praktische, das Mädchen für alles.

Bis Anna kam. Maria wusste gleich, dass es zwischen Rudolf und Anna knisterte, und stellte fest, dass er plötzlich erstaunlich oft außer Haus war und ihr gegenüber die gleichen alten Ausflüchte gebrauchte, mit denen er früher seine Frau abgespeist hatte. Und Anna eroberte nicht nur das Herz des Avatars, sie übernahm auch immer mehr Aufgaben im Meditationszentrum. Auf einmal war sie es, die den Saal schmückte, die die Blumen fürs Foyer auswählte, die entschied, welches Tuch über den Altar gebreitet wurde. Und sie behandelte Maria als das, worauf sich ihre Rolle letztlich reduziert hatte: als kleine Büroangestellte. Sie wusste nicht um deren ehemalige Stellung. Sie wusste nur eins: dass sie die neue Herrin des Hauses war.

Maria bebte vor Zorn, vor Eifersucht. Als sie sich aber über die Herabsetzung und ständigen Einmischungen beschwerte, traf sie der eiskalte Blick des Meisters: »Die Götter haben sie auserwählt. Wenn du hier Unfrieden verbreiten willst, dann geh. Dies ist ein Ort der Stille.« Erschrocken duckte sie sich und hielt den Mund. Als Rudolf sie in der darauffolgenden Woche zum Essen einlud, war schon fast wieder alles gut. Und als er dann auch noch an ihren Geburtstag dachte, war sie beinahe glücklich.

Und heute? Maria ist mittlerweile fünfundfünfzig Jahre alt. Sie hat mehrere Annas kommen und gehen sehen und sie alle überdauert. Eigentlich ist sie es leid. Aber ihre Ersparnisse sind aufgezehrt, und in ihrem Alter ist es schwer, eine neue Stelle zu finden. Der Avatar zahlt zwar schlecht, aber auf das Wenige ist sie angewiesen. Darum muss sie bleiben – so redet sie es sich zumindest ein. In Wirklichkeit hat sie schreckliche Angst vor dem Leben da draußen, ganz allein auf sich gestellt, ohne Freunde, ohne Inhalt, ohne Liebe. Sie hat ständig Kopfschmerzen, fühlt sich ausgebrannt und verbraucht. Auch wenn sie die Masche des Vampirs langsam zu durchschauen beginnt: Sie glaubt, keine Kraft mehr zu haben, um zu gehen. Längst sitzt sie selbst in der Gruft.

## Einschüchterungstaktik

Der Energiesauger der Guru-Gattung macht sich eine Verhaltensweise zunutze, die uns von klein auf eingetrichtert worden ist: das Aufschauen zu Autoritäten. Zuerst zeigen uns Mama und Papa, wo es langgeht. Dann basteln wir nach den Vorgaben der Kindergärtnerin. Später hören wir auf das Kommando von Lehrern. Und irgendwann sind wir soweit, dass wir ohne groß zu fragen nach der Pfeife von Polizisten, Schiedsrichtern und sogar Bademeistern tanzen. (Und wenn wir einmal keine Münze dabeihaben, um sie aufs Teller- chen klimpern zu lassen, schrecken wir auch noch vor der Klofrau zurück.) Wer oben auf dem Podest steht, dem geben wir Macht über uns, den halten wir für etwas Besseres, Klügeres.

Genau dieses Phänomen ist es, das sich der Sauger mit der Guru- Allüre zunutze macht. Groß und selbstbewusst baut er sich vor uns auf. »Platz da, jetzt komm ich!« Allein der Ton seiner Stimme duldet keinen Widerspruch. Eingeschüchtert neigen wir das Haupt. Wenn er, der Große, Starke, dann nicht einfach an uns vorübergeht, son- dern stehen bleibt und uns kleinen Wicht bemerkt, dann stockt uns der Atem. Und wenn er uns dann auch noch sagt, wo es langgeht, dann gibt es kaum noch ein Halten. Dann rennen wir los und folgen ihm blindlings. Dem Rattenfänger von Hameln. Wir erkundigen uns nicht, wohin er uns führen will, denn insgeheim sind wir froh, dass uns einer den Weg weist, dass wir endlich einmal nicht selbst zu denken brauchen und für einen Moment die schwere Bürde der Eigenverantwortung abgeben können. Der Vampir scheint breite Schultern zu haben; nicht nur unsere ganz persönliche Last, son- dern die ganze Welt scheint er darauf tragen zu können. Damit lockt er. Dieses Versprechen schwingt im verführerischen Flötenspiel des Rattenfängers mit.

## Die Spreu vom Weizen trennen

Niemand kann alles wissen, und so kommt jede von uns gelegent- lich in die Situation, fachkundige Hilfe einholen zu müssen. Ob uns ein Anlagegeschäft zum Banker treibt oder eine kniffelige Rechts- frage zum Anwalt, überall dort, wo wir als Laien die Dienste eines Fachmanns oder einer Fachfrau in Anspruch nehmen, liefern wir uns ihm/ihr – zumindest auf diesem einen, begrenzten Gebiet – aus. Wir können nicht beurteilen, ob das, was er/sie uns rät, wirklich gut und richtig für uns ist. Hätten wir den nötigen Sachverstand dazu, bräuchten wir schließlich keinen Experten zu konsultieren.

Solange es sich um rational erfassbare Dinge handelt, sollten wir um Himmels willen nicht Desinteresse zeigen (»Davon versteh ich sowieso nichts. Regeln Sie das lieber für mich!«), sondern unbedingt versuchen, die Erklärungen unseres Ratgebers logisch nachzuvollziehen. Ist dieser gut (und kein Vampir), wird er uns den Sachverhalt ohne große Umschweife so verdeutlichen, dass wir ihn begreifen und anhand seiner Ausführungen guten Gewissens alles weitere veranlassen können. Er wird uns genau sagen, was die Vor- und Nachteile dieser oder jener Lösung sind und welche Kosten welchem Nutzen gegenüberstehen.

Versucht er hingegen, uns mit (Alp-)Traumrenditen zu locken, uns mit bunten Hochglanzbroschüren zu betören oder mit einem »einmaligen Super-Angebot, das nur heute gilt« eine schnelle Unterschrift abzuschwatzen, heißt es aufpassen, denn dann sitzt uns womöglich ein Sauger der Kategorie Heiratsschwindler gegenüber. Wenn Ihnen eine Sache allein schon rein gefühlsmäßig spanisch vorkommt, wenn sie sich Ihnen kompliziert und undurchschaubar, gleichzeitig aber überaus verlockend darstellt, dann suchen Sie schleunigst das Weite! Ihr »Ratgeber« kommt aus dem Guru-Clan.

Noch mehr Vorsicht ist angezeigt, wenn wir den Bereich des konkret Greifbaren – und vor allem Nachprüfbaren – verlassen und uns in die wesentlich mystischeren Sphären unseres Innenlebens begeben. Ob es um unsere Gesundheit oder unser seelisches Wohlbefinden geht, der Experten-Dschungel, den wir hier betreten, ist das ideale Gelände für Vampire. Natürlich gibt es auch hier eine Vielzahl seriöser Experten. Aber die Sauger unter ihnen sind gut hinter ihrer Autoritätsfassade getarnt, und so sollten wir uns unsere Kritikfähigkeit bewahren, wenn uns unsere Gesundheit wirklich etwas wert ist.

»Sie müssen mir schon vertrauen!«, herrscht uns der Vampir-Arzt an, wenn wir Fragen stellen. »Sie haben wohl zu viele Ratgeber gelesen!« Und ohne weiter auf unseren schüchternen Protest einzugehen, zitiert er die Sprechstundenhilfe herbei und lässt uns wie ein Opferlamm in den Nebenraum mit den funkelnden teuren Therapiegeräten führen. Wer ihn betritt, überschreitet die Schwelle zu den Privatleistungen. Auf der Rechnung prangt Draculas Stempel.

Kaum sind wir ihm entronnen, warten auf uns all die vielen Berater, Therapeuten, Seelsorger, spirituellen Lehrer, Psycho-Seminarleiter, Medien oder »Sensitiven« gleich welchen Geschlechts, die uns Balsam für unsere Psyche versprechen. Offenbaren wir uns ihnen, lösen wir damit die obersten Knöpfe unserer Bluse und entblößen unseren Hals zum Biss – im Vertrauen darauf, dass sie schon gut mit uns umgehen werden.

Prüfen wir unser Gegenüber genau, bevor wir das tun! Und behalten wir es immer im Auge. Naivität hat schon so manche Frau um Kopf und Kragen gebracht. Wir wären nicht das erste Opfer!

## Checkliste: Experte oder Vampir?

- Ist alles in dem Büro/der Kanzlei/der Praxis darauf ausgelegt, Eindruck zu schinden? Ist das Personal freundlich und zuvorkommend? Oder ist es so arrogant, dass ich mich wie eine lästige Bittstellerin fühle? Lässt man mich ewig warten, bis mir endlich Audienz gewährt wird?
- Und wenn ich dann ins Allerheiligste vorgedrungen bin: Wie reagiert der Experte/die Expertin, wenn ich bei Unklarheiten zurückfrage oder mich nach Alternativen zu seinen/ihren Vorschlägen erkundige? Bietet er/sie mir Entscheidungshilfen, um mir dann selbst die Entscheidung zu überlassen? Oder

fühle ich mich wie ein kleines Schulmädchen, über dessen Kopf hinweg entschieden werden soll?

- Versucht der Experte/die Expertin, mir etwas aufzuschwatzen? Malt er/sie ein düsteres Szenario von all den schlimmen Dingen, die unweigerlich passieren werden, wenn ich seinen/ihren guten Rat in den Wind schlage? (»Wenn Sie diese Untersuchung nicht bald machen lassen, kann niemand für Ihre Gesundheit garantieren!«) Drängt er/sie mich dazu, mich sofort und ohne Bedenkzeit zu entscheiden?

- Werde ich, ohne lang bohren zu müssen, über etwa entstehende Kosten informiert? Und wie sieht es mit dem Preis-Leistungs-Verhältnis aus? Bekomme ich für mein Geld eine reale Gegenleistung? Oder wird das Gebotene weitschweifig und mit hochtrabenden, aber wenig konkreten Worten umschrieben? Wird unter Verweis auf die außerordentliche Bekanntheit des Experten/der Expertin oder die weltweite Einzigartigkeit des Angebotenen ein völlig überzogener Preis gefordert?

- Und schließlich die eine, alles entscheidende Frage: Wahrt der Experte/die Expertin meine Intimsphäre, oder macht er/sie mir etwa eindeutige oder verdeckte sexuelle Avancen?

Andockstrategie Nr. 4:

# Die Seitenspringer-Masche oder »Ich kann mich einfach nicht entscheiden«

Der Vampir mit der Seitenspringer-Masche meint es ehrlich. Ganz, ganz ehrlich. Doch wirklich. Zwischen seiner Frau und ihm läuft schon lange nichts mehr. Seit Jahren lebt er wie ein Mönch. Er bleibt nur noch wegen der Kinder. Und/oder wegen des Hauses. Aber Zuneigung empfindet er längst nicht mehr. Nur eine Frau liebt er wirklich: sein Opfer. So würde er sie zwar nie bezeichnen – Geliebte, Muse, Augenstern klingt doch viel poetischer. Aber in seinen Fängen hält er sie doch. Nur darf niemand etwas davon wissen. Was würden sonst die Leute sagen?

Der Erfolg seiner Taktik basiert auf der Sehnsucht, die er in seiner Beute weckt und ständig wieder schürt. In rauschenden Liebesnächten (die immer nur dann stattfinden, wenn er gerade Zeit hat) raunt er ihr betörende Worte ins Ohr. Sie sei die Frau seines Lebens, hätte er sie doch nur früher kennen gelernt! Ihre Körper seien füreinander gemacht, einmal auf so sinnliche Weise zu verschmelzen, davon habe er schon immer geträumt. Dass er so etwas noch einmal erleben dürfe! Wo ihn seine Gattin doch immer so kurz gehalten habe.

Und: »Wenn sie noch einmal kalten Krieg macht, dann ist es endgültig aus! Dann ziehe ich den Schlussstrich!« Die Geliebte hört's und glaubt's. Und wartet. Darüber vergeht die Zeit. Wenn er sich nur entscheiden würde! Doch er entscheidet sich nie, hält sie hin, über Wochen, Monate, Jahre. Er ist kein geborener Vampir, er wird quasi in der Zwickmühle seines ehelichen Gewissens zum Saugen gepresst.

Und warum wehrt das Opfer, seine Geliebte, sich nicht? Sie bringt es einfach nicht fertig! Wie könnte sie ihn in den wenigen kostbaren Stunden des Zusammenseins zur Rede stellen? Wenn sie es dennoch gelegentlich versucht, so doch stets auf sehr dezente Weise. Sie kann doch keinen Streit riskieren, wo sie sich mit jeder Faser ihres Körpers nach ihm verzehrt. Sobald sie in seinen Armen liegt, ist alles vergessen. Sie liebt ihn eben ...

Vor lauter Sehnsucht hat sie nicht gemerkt, dass sich längst die Balance zwischen Geben und Nehmen zu ihren Lasten verschoben hat. Die Kraft, die sie aus den hastigen Begegnungen schöpft, die Lust, die sich aus dem Reiz des Verbotenen speist – sie können bei weitem nicht die Energieverluste ausgleichen, die sie dafür in Kauf nehmen muss: Ihr Hirn ist blockiert, weil all ihre Gedanken nur um ihn kreisen. An den Wochenenden, die er natürlich als braver Ehemann im Kreise seiner Lieben verbringt, verzehrt sie sich nach ihm. Die ständige Ungewissheit raubt ihr den Schlaf. Die unausgesprochene Wut darüber, dass er sich nicht zu ihr bekennt, nagt an ihrer Seele. Sie fühlt sich hilflos, ohnmächtig und klein. Höchste Zeit, sich zu befreien!

## Der Fall Jörg

Julia (40), geschieden, keine Kinder, hat von Männern die Nase voll. Seit ihrer Scheidung hat sie den Glauben an das »starke Geschlecht« verloren und beschlossen, keinen Kerl mehr an sich heranzulassen. Nie wieder will sie so verletzt werden, und so ist sie in den vergangenen Jahren zur überzeugten und erfolgreichen Single-Frau geworden. Sie hat einen guten Job, eine gemütliche Wohnung und ein paar nette Freundinnen, ist sportlich und kulturell vielseitig interessiert. Langeweile kennt sie nicht.

Als sie daran geht, ihren Urlaub zu planen, will die begeisterte Seglerin erst einen reinen Frauen-Törn buchen, findet aber kein Angebot, das ihr von den Terminen her passt. »Dann eben doch gemischt«, denkt sie sich. »Auch nicht weiter schlimm.« Als sie aber an Bord kommt, muss sie schlucken: Von wegen gemischt – sie ist die einzige Frau unter neun Männern. Ein Lamm unter Wölfen. Sie wähnt sich schon umzingelt von zotenreißenden, grölenden Schnapstrinkern, und wie sie die Kerle einen nach dem anderen an Bord kommen sieht, steht sie kurz davor, gleich wieder abzureisen. Aber gebucht ist gebucht, und sie will hinaus aufs Meer.

Als die Männer sie bei der ersten Mannschaftsbesprechung zum Kartoffelschälen einteilen wollen und auch sonst mit jedem zweiten

Wort auf das »blonde Gift« in ihrer Mitte anspielen, sieht sie ihre schlimmsten Vorurteile bestätigt. Nur einer scheint anders zu sein: Jörg. Er sieht sie nur kurz schweigend an und geht dann zur Tagesordnung über. Für ihn ist es offenbar nichts Ungewöhnliches, eine Frau an Bord zu haben. Er behandelt sie wie alle anderen. Höflich, freundlich. Ganz normal eben. Julia sieht zu, dass sie beim Essen den Platz an seiner Seite ergattert. Wenn sie neben ihm sitzt, muss sie wenigstens nicht ständig auf der Hut sein.

Überhaupt scheint der Törn unter keinem guten Stern zu stehen. Gleich nach dem Auslaufen ziehen düstere Wolken auf. Es gießt ununterbrochen. Die Feuchtigkeit kriecht Julia trotz wetterfester Kleidung bis in die Knochen. Eine Erkältung bahnt sich an. Fieber. Schüttelfrost. Jörg päppelt sie mit Grog und Keksen. Die Enge an Bord treibt sie zueinander. Kein Wunder, denn sie scheinen wie selbstverständlich zusammenzugehören – sie verstehen sich, ohne große Worte zu wechseln, haben das Gefühl, schon immer aufeinander gewartet zu haben. Und bald sind ihre Liebesnächte in der Zweierkabine so stürmisch wie die See. Julia blüht richtig auf. An die Zukunft verschwendet sie keinen Gedanken. Auch als Jörg von seiner »Lebensabschnittspartnerin« – er spricht von seiner LAP – erzählt, registriert sie das eher am Rande. Zumal die Frau sich ihm förmlich aufgedrängt haben muss. Eines Tages stand sie einfach mit gepackten Koffern bei ihm vor der Tür. Wie hätte er sie da abweisen können. Auch dass Jörg in Norddeutschland lebt und sie in der Mitte, beschäftigt sie kaum. Der nächste Hafen ist weit, der Alltag noch weiter ...

Erst als sie in Hamburg am Bahnhof steht, wacht sie auf aus ihrem Rausch und landet knallhart auf dem Boden der Tatsachen. Als sie Jörg zum Abschied noch einmal umarmen will, schaut er sich unsicher um. »Nicht hier«, raunt er ihr ins Ohr. »Wir könnten gesehen werden.« Und er schüttelt ihr wie einer Fremden die Hand.

Als Julia in ihre Wohnung zurückkommt, spürt sie nichts als eine einzige große Leere. Das, was ihr bisher so wichtig war, wofür sie gearbeitet und gekämpft hat, verblasst hinter ihrer Sehnsucht nach Nähe. Sie hat keine Lust, die Koffer auszupacken, weiß nicht, wie sie die Einsamkeit aushalten soll. Vermisst seine Stimme, seinen Duft, seine Nähe ...

Von nun an telefonieren sie täglich. Er ruft vom Büro aus an, von zu Hause aus kann er nicht sprechen. Wenn er auflegt, fühlt sie sich jedes Mal noch einsamer als vorher. Abends schreibt sie ihm seitenlange Briefe – mit getipptem Adressetikett im neutralen Umschlag. Die LAP holt die Post aus dem Kasten. Bloß keine schlafenden Hündinnen wecken!

Vor ihren Freundinnen hält Julia die Affäre geheim. Hat sie nicht immer groß getönt, sie würde nie einer Frau den Mann wegnehmen? Und jetzt doch? Ausgerechnet sie? Es fehlt ihr der Mut, sich anzuvertrauen, und so zieht sie sich mehr und mehr zurück. Sie kann vor Sehnsucht kaum schlafen, kaum einen Bissen hinunterbekommen. Bei der Arbeit ist sie nervös und unkonzentriert, sie macht einen Fehler nach dem anderen. Auf dem Nachhauseweg läuft sie fast in ein Auto.

Als nach zwei Monaten erstmals Aussicht auf ein gemeinsames Wochenende besteht (die LAP muss zu ihrer kranken Mutter), ändert sich Julias Stimmung schlagartig. Sie wird regelrecht euphorisch. Die Tage mit Jörg erlebt sie wie in Trance. Eine rasende Leidenschaft hat sie gepackt. So etwas hat sie noch nie erlebt. Endlich versteht sie, was erotische Erfüllung heißt. Nach dem totalen Höhenflug folgt am Sonntagabend der totale Absturz. Auf der Heimreise hat sie das Gefühl, ins Bodenlose zu stürzen. Doch Jörg hat versprochen, bei nächster Gelegenheit mit seiner LAP zu reden. So kann es nicht weitergehen. Er liebt sie. Auch er kann ohne sie nicht sein. Sagt er. Ungeduldig erwartet Julia seinen Anruf, kann die Unsicherheit kaum aushalten. Endlich klingelt das Telefon: »Ich habe es einfach nicht fertiggebracht, mit ihr zu reden. Ihrer Mutter geht es so schlecht. Es war nicht der richtige Zeitpunkt. Du musst das verstehen.«

Julia versteht nicht, aber sie schweigt. Sie will es Jörg nicht schwerer machen, als es ohnehin ist. Schließlich leidet auch er unter der Situation. Oder etwa nicht? Erst ist die Mutter krank, dann stirbt sie, danach steht der vor langer Zeit geplante gemeinsame Urlaub an (den kann er ja schlecht absagen) – jedes Mal gibt es einen neuen Grund, warum er der LAP keinen reinen Wein einschenken kann. Jetzt noch nicht. Und immer wenn Julia kurz vor dem Absprung ist, bietet sich überraschend die Chance zu einem Treffen, um die Liebe neu zu schüren.

Innerhalb von acht Monaten magert Julia auf achtundvierzig Kilo ab. Sie sieht aus wie ein Gespenst. Als sie sich eines Morgens im Spiegel anschaut, begreift sie, dass sie so nicht weitermachen kann. In ihrer Verzweiflung beschließt sie, nach Hamburg zu fahren. Erst will sie ohne Vorwarnung bei ihm auf der Matte stehen (wie damals die LAP), dann beschließt sie doch, ihn anzurufen: »Ich bin in der Telefonzelle schräg gegenüber.« Sie hört die Panik in seiner Stimme: »Gib mir eine halbe Stunde ...« Und er kommt. Küsst sie nicht, packt sie am Arm. Führt sie fort, in ein Hotel ein paar Straßen weiter. Reißt ihr die Kleider vom Leib. Sie steht lichterloh in Flammen.

Doch dann bedrängt er sie, wieder nach Hause zu fahren. Er brauche Zeit, habe Angst, sich von der einen Frau zu lösen und sich dann gleich wieder in eine neue feste Bindung zu stürzen. Noch am selben Abend bringt er sie zum Bahnhof. Als Julia im Zug sitzt, fällt es ihr auf einmal wie Schuppen von den Augen: Die ganze Zeit über hat sie darauf gewartet, dass er sich entscheidet. Dabei kommt es darauf gar nicht an. Es geht darum, dass *sie* sich entscheidet – ob ihr das, was er ihr zu bieten hat, reicht oder nicht. Und im selben Augenblick ist ihr klar: Es genügt ihr nicht! Nicht annähernd!

Erst jetzt erkennt sie, was er ihr angetan hat, was sie sich hat antun lassen. Bei dem Gedanken daran schüttelt sie sich, und die blutsaugende Zecke löst sich wie von selbst von der Haut.

## Die Lust, sich aussaugen zu lassen

Eine flammende Affäre mit einem Vampir kann durchaus reizvoll sein, denn Männer vom Schlage eines Dracula sind oft hervorragende Liebhaber. Nicht umsonst sinken die Frauen vor ihnen hin. Dem Sauger mit der Seitenspringer-Masche dient die Ehe als Gruft. Hierhin zieht er sich immer wieder zurück. Ob er darin glücklich ist oder nicht, darum geht es für ihn nicht. Er braucht eine sichere Zuflucht, von der aus er seine Streifzüge unternehmen kann. Das genügt ihm.

Ihn daraus hervorholen und in eine neue feste Bindung hineinlocken zu wollen ist unmöglich. Es wäre so, als wollte man eine Schattengestalt festnageln. Die Frau, die sich auf einen Fremdgang mit einem transsilvanischen Grafen einlässt, steht vor der Wahl: Entweder sie lockt den Vamp in sich hervor, wird dem Mann zum ebenbürtigen Pendant und kostet die gelegentlichen stürmisch-leidenschaftlichen Begegnungen in vollen Zügen aus. In der übrigen Zeit geht sie ihre eigenen Wege und lässt sich nicht in ihrem Tun beirren, auch auf die Gefahr hin, dass er Zeter und Mordio schreit und den eifersüchtigen Macho herauskehrt. Oder aber sie macht sich abhängig, verzehrt sich in der irrigen Hoffnung auf ewiges Liebesglück und gibt dem Kerl ihren letzten Blutstropfen hin. Armes Weib. Dereinst wird auf ihrem Grabstein stehen: »Sie hat ihn so geliebt.«

## Sätze, die Sie hellhörig machen sollten

- Ich liebe ja nur dich, aber ...
- Wenn erst ..., dann steht unserer Liebe nichts mehr im Weg.
- Ich muss jetzt auflegen, gerade kommt ... ins Zimmer. *(Vor allem dann, wenn Sie dem Gespräch gerade eine heikle Wendung gegeben haben.)*

- Du musst verstehen, dass ich dich nicht auf offener Straße begrüßen kann. Wo mich doch hier jeder kennt!
- Wenn sie noch einmal ... macht, dann ist es endgültig aus zwischen ihr und mir. Dann bin ich frei für dich.
- Momentan kann ich ihr ein offenes Gespräch wirklich nicht zumuten.
- Mach es mir nicht zusätzlich schwer. Ich leide doch genauso unter der Situation wie du.

## Von den Schwierigkeiten, Farbe zu bekennen

Liebe macht blind, wie oft haben wir diesen Satz gehört. Doch wenn es uns erwischt und die Glücksbotenstoffe in unserem Hirn verrückt spielen, können wir uns nur in den seltensten Fällen an diese Warnung erinnern. Bei anderen haben wir das Phänomen oft genug treffsicher diagnostiziert, nur bei uns selbst, da setzt es aus. Wir sind ja blind und sehen darum nicht. Und genau hier setzt der Seitenspringer unter den Vampiren an – oft unbewusst und selten in böser Absicht. Auch ihn hat »die Sache« womöglich auf dem linken Fuß erwischt. Er ist ja fest gebunden und will eigentlich treu sein. Doch ist der Geist auch noch so willig, das Fleisch ist schwach. Der Strom der Gefühle reißt ihn davon. Und damit fängt die ganze Misere für ihn an.

Im Prinzip ist dieser Energiesauger ein Opfer seiner selbst, ist er doch jener Typ von Mann, der es allen recht machen und niemandem wehtun will. Das bringt ihn dazu, seiner Frau gegenüber unehrlich zu sein – denn wenn es darauf ankommt, schwört er gewiss auch ihr seine Liebe – und der Geliebten nach dem Mund zu reden. Er könnte ihr ja auch reinen Wein einschenken und sagen, dass er nur eine heimliche Affäre will. Dann wäre die Sache klar, und sie könnte sich darauf einrichten.

So, wie die Sache aussieht, müsste er einer der beiden Frauen sagen, dass es vorbei ist, aber das bringt er nicht fertig. Er ist ein Feigling. Bald wird ihm die Freundin lästig, denn er fühlt sich von ihr bedrängt. Er will doch um jeden Preis die heile Welt bewahren, denn ebenso wie den Zorn der Partnerin fürchtet er die ehrliche Meinung der anderen. Eine jämmerliche Gestalt!

Und die Geliebte? Wie kann sie sich aus seinem Bann befreien? Sie muss warten – genau so lange, bis sich die hormonell bedingte Blindheit wieder legt. Vorher kann sie nicht klar sehen; so lange erscheint er ihr als Traumgestalt. Und dann muss sie sich entscheiden, das nimmt ihr keiner ab. Er ist gebunden, und als Zauderer wird er immer gebunden bleiben. Reicht es ihr, die zweite Geige zu spielen? Schafft sie es, die seltenen Stunden mit ihm zu genießen und sich ansonsten von ihm unabhängig zu machen? Und: Will sie ihn überhaupt noch, jetzt wo er enttarnt ist? Wo sie weiß, was für ein Waschlappen er ist? Sie hat sich doch in einen Helden verliebt. Der Held aber ist tot. Beinahe tot. Nur seine Lippen sind auffällig rot. Und am bleichen Kinn klebt ein Tropfen Blut – aus ihrem Hals.

Andockstrategie Nr. 5:

# Die Säufer-Masche oder
# »Niemand kann mir helfen, nicht einmal du«

Vom Weltschmerz, ja Weltekel gepackt ist der Vampir mit der Säufer-Masche. Glaubt man seinen wehmütigen Schilderungen, hätte er alles im Leben erreichen können. Welch hoch fliegende Pläne und große Visionen muss er früher einmal gehabt haben. Ein begnadeter Mensch eigentlich, einer, der durchblickt. Aber genau das ist es, was es ihm so unerträglich macht. Denn sein Blick erfasst nur das, was nicht gut ist an unserer Spezies und der bösen Gesellschaft, und darüber gerät er in Verzweiflung. Ob die Ungerechtigkeit des Lebens oder die Schlechtigkeit der Menschen, für eine sensible Seele wie unseren Dracula ist das zu viel. Und so wird er entweder sarkastisch, oder er ersäuft seinen Kummer. Nur hingucken mag er nicht mehr. Da heult er lieber. Untröstlich.

Genau betrachtet, ist er der Inbegriff des groß gewordenen Babys, das nach der Brust zum Nuckeln sucht. Aber Mama ist weit und er längst jenseits der zwanzig, und so greift er nach allem, woran sich sonst noch saugen lässt – Weinflaschen, Schnapsgläsern, Zigaretten, Joints und ... Frauen mit weichem Herz.

Zu dieser Gattung der Vampire zählen die gescheiterten Existenzen, die schwierigen Künstlertypen und versoffenen Altachtundsechziger, die zwar großartig schwadronieren können, aber mit dem Alltag nichts im Sinn haben. Dazu gehören auch die verquasten Eso-Junkies, die sich in düsteren Weltverschwörungsphantasien ergehen und in höheren Sphären weilen – wenn bloß nicht Miete und Telefonrechnung zu bezahlen wären ...

Ihr Lockmittel ist die Aura des Ungewöhnlichen; sie sind keine Biederleute in Popeline und Doppelripp, sondern Exoten, die in kein Schema passen. Ein bisschen heruntergekommen, vielleicht. »Aber das kann sich ja ändern«, denkt das Opfer, »wenn ich ihn erst einmal unter meine Fittiche nehme.« Es ist wohl die Faszination der aussichtslosen Fälle, die Frauen in die Arme solcher Energiesauger treibt, die im Übrigen durchaus auch aus dem weiblichen Lager kommen können.

Da ist zum Beispiel die nächtelang philosophierende, schmuddelige Mitbewohnerin in der Frauen-WG. Sie hat nie Geld (da keinen Job), putzt nie (ist zu Höherem geboren), qualmt wie ein Schlot (nicht nur in ihrem Zimmer) und hat sich nach und nach zwanzig Katzen zugelegt, um der Einsamkeit zu entgehen. Der Gestank von

Rauch und Üblerem treibt die anderen schier in den Wahnsinn. Alle sind für Rausschmiss, doch eine nimmt sich vor, erst noch einmal mit ihr zu reden ...

Oder die Cousine, die gern etwas tiefer ins Glas schaut und dann mitten in der Nacht anruft, weil sie vor lauter Rausch die Uhr nicht mehr lesen kann. »Es ist alles so furchtbar«, lallt sie in den Hörer. Und das Opfer hört zu ...

Besonders gern aber laufen Männer in diesem leicht verlotterten Dracula-Cape herum, das auf Frauen manchmal eine geradezu magische Anziehungskraft auszuüben scheint. Der Vampir dieser Gattung braucht nicht mal unbedingt zur Flasche zu greifen, um mit der Säufer-Masche Erfolg zu haben. Er muss nur jene Art von Melancholie ausstrahlen, die ihm den Anschein von Tiefgang gibt (denken wir nur an die russischen Dichter). Seine Schwermut muss etwas Poetisches, Philosophisches haben.

Ein wenig verkommen auszusehen ist durchaus hilfreich. Aber bitte nicht zuviel. Der alkoholkranke Penner mit dem Fusel in der Manteltasche findet kaum eine willige Helferin. Er wirkt nur aus der Ferne malerisch, keine will ihn dicht an sich heranlassen. Die Idealbesetzung für diese Rolle ist der frisch geduschte Salon-Clochard mit Dreitagebart und traurigen Augen, gern auch mit französischem Akzent. Der kann sein Opfer nicht nur in Liebesbeziehungen auspressen wie eine Zitrone:

## Der Fall Sascha

Auf einem Fortbildungsseminar ist Carolin (33), Single, ihm zum ersten Mal begegnet: Er fiel ihr gleich auf, wie er während der Vorstellungsrunde, ganz in Schwarz gekleidet, mit ernster Miene dasaß. Alle anderen erzählten von sich, er aber sagte nur knapp seinen Namen: »Sascha.« Sonst nichts. Auch in den nächsten Tagen war er eher schweigsam. Im Raucherpavillon vor dem Haus hielt er sich abseits, sog gierig an seiner Zigarette, rauchte sie bis zum Filter und ging dann sofort wieder ins Haus zurück. An Freizeitaktivitäten der Gruppe nahm er generell nicht teil.

Umso mehr wunderte es Carolin, als er eines Abends nach dem Essen neben ihr sitzen blieb und ihr bei einer Flasche Wein unvermittelt sein Herz ausschüttete. Seine Frau war mit einem anderen Mann auf und davon gegangen, hatte ihn erst mit den vier Söhnen sitzen lassen, später die Kinder eines nach dem anderen zu sich geholt. Jetzt hockte er da, allein in seinem großen Haus.

An dieser Stelle schnäuzte er sich auffällig, wohl um die Tränen zu verbergen, die in ihm aufzusteigen drohten, griff zum Glas, leerte es in einem Zug, schenkte nach, und erzählte weiter. Seither würde er sich an Frauen nicht mehr heranwagen, an keine einzige mehr, die seien doch alle gleich. »Wie kannst du das sagen!«, protestierte Carolin. »Ich bin doch auch eine Frau. So etwas würde ich nie tun!« Sie redeten die ganze Nacht hindurch. Kaum war die eine Flasche leer, stand die nächste auf dem Tisch. Der Vampir hatte angedockt.

Während der restlichen Seminartage wich Sascha kaum von Carolins Seite. Er vertraute sich ihr restlos an. Gab ihr sogar seine Gedichte zu lesen – melancholische Konstrukte, die sie überschwänglich lobte. Ein Lächeln rang sie ihm trotzdem nicht ab. Er war düster und blieb düster. Als der Kurs zu Ende und sie wieder zu Hause waren, rief er jeden Abend bei ihr an, um sich seinen Frust von der Seele zu reden. Carolin, der Kummerkasten! (Glücklicherweise lebte Sascha nicht in derselben Stadt wie sie).

Die stundenlangen Gespräche gingen ihr bald auf die Nerven, denn Sascha blockierte damit ihre komplette Freizeit. Aber sie brachte es einfach nicht fertig, sich ihm zu entziehen. Er hatte etwas Dämonisches, das sie in den Bann zog. Außerdem brauchte er sie. Ohne sie würde er nie den Mut aufbringen, sich wieder einer Frau zu nähern – wenn er es überhaupt jemals wieder tun würde.

(»Wozu denn überhaupt, es geht am Ende doch sowieso wieder schief?!«)

Eines Tages klappte es dann doch: Endlich hatte Sascha es geschafft, mit einer Kollegin ins Kino zu gehen. Und gleich darauf ins Bett. Er erzählte es Carolin in allen Einzelheiten. »Du musst mich beraten. Was soll ich jetzt tun? Ich will sie nicht wieder verlieren.« Dass er so offen mit ihr über erotische Details sprach, war Carolin peinlich. Sie wollte sich da heraushalten und sich schon gar nicht mit Ratschlägen einmischen, aber er ließ nicht locker. Und sie fügte sich. Von da an berichtete er ihr ständig von neuen sexuellen Eskapaden. Es war, als wäre bei ihm ein Damm gebrochen. Er riss eine Frau nach der anderen auf, aber keine hielt es lange bei ihm aus.

Gelegentlich besuchte Sascha Carolin, wenn er geschäftlich in ihrer Nähe zu tun hatte. Er blieb über Nacht, machte ihr aber nie Avancen. An Schlaf war trotzdem nicht zu denken. Kaum hatte der Alkohol ihm die Zunge gelöst, redete er sich in Rage und wurde theatralisch. Wenn ihn während dieser Beichtstunden die Gefühle übermannten, packte er sie bei den Schultern und schüttelte sie regelrecht durch. Er fixierte sie mit seinem Blick und schluchzte ihr vor, wie – je nach Fall – glücklich bzw. unglücklich er war.

Carolin wusste, dass sie sich wehren müsste. Dass sie aufstehen und ihm die Tür weisen sollte. Aber sie schaffte es nicht. Er war so einnehmend, dass ihr in solchen Momenten einfach keine Worte einfielen. Es war wie ein Blackout, und manchmal kam es ihr so vor, als würde ihr der Mann direkt ins Gehirn greifen und ihr die Gedanken rauben.

Beim Frühstück am nächsten Morgen war Sascha jedes Mal fit, als wäre nichts gewesen. Er dankte ihr überschwänglich für ihre Hilfe und Freundschaft, bevor er aus dem Haus eilte. Ihm ging es gut, sie war total erledigt.

Vor kurzem rief er wieder an. Er würde gegen acht Uhr abends bei ihr sein, es sei ihr doch recht. »Aber bitte nicht später«, blockte sie ab. »Ich habe morgen einen wichtigen Termin. Es geht um meine Beförderung.« Es wurde neun, dann zehn. Da klingelte das Telefon. Carolin blieb sitzen wo sie war. Hob den Hörer nicht ab. Sie hatte genug!

Am nächsten Tag kam eine erboste E-Mail von ihm. Das könne sie mit ihm nicht machen! Was sie sich einbilde?! Er habe mitten in der Nacht nach Hause fahren müssen. Ob das ihre Auffassung von Freundschaft sei? So wütend wird Graf Dracula, wenn man ihn am Saugen hindert. Nachdem er sie so richtig abgekanzelt hatte, schrieb er: »So, jetzt habe ich es von der Seele. Jetzt geht es mir besser.« Wie es Carolin ging, überlegte er nicht. Sie setzte sich sofort an den PC, um zu antworten. Ganz kurz: »Scher dich zur Hölle! Dann geht es mir auch besser!«

Seither hat sie nie mehr etwas von ihm gehört. Der Pflock muss ihn mitten ins Herz getroffen haben.

## Die Schatten greifen nach uns

Energiesauger wie Sascha sind lichtscheue Gestalten. Sie verabscheuen das helle Lachen fröhlicher Menschen, das Blitzen in den Augen der Verliebten und das Glitzern des Erfolgs. Dass es anderen gut gehen könnte, ist ihnen ein Gräuel. Und so müssen sie alles daransetzen, die Stimmung ringsum zu verfinstern und möglichst viele Menschen unter ihren schwarzen Umhang zu ziehen. Wenn sie in unserer Nähe sind, hüllt uns ihr Weltekel in eine Art Fluidum, das alles, was wir tun und lassen, vergiftet. Es raubt uns die Luft zum Atmen, nimmt unserem Gehirn den Sauerstoff, um klar zu denken. Es ist, als würden die Schatten nach uns greifen.

Das Opfer sitzt dem Trugschluss auf, »den Ärmsten« aus seiner Misere befreien zu können und setzt alles daran, ihn auf die Tagseite der Existenz zurückzuholen. Dabei übersieht es eines: Der

Vampir will nicht ins Licht. Er hasst es ja. Das Gegenteil passiert! Er zieht sein Opfer zu sich in die Nacht. Er ist die Verkörperung des schwarzen Lochs und verschlingt alles, was in seinen Bannkreis gerät. Wenn er sagt: »Niemand kann mir helfen, nicht einmal du«, dann hat er durchaus Recht. Weil er sich nicht helfen lassen *will*. Und wer es dennoch versucht, dem ist auch bald nicht mehr zu helfen.

## Sätze, die Sie hellhörig machen sollten

- Es ist alles so furchtbar!
- Ich bin sowieso ein hoffnungsloser Fall.
- Was hat mir das Leben schon zu bieten?
- Die Frauen/die Männer haben mich maßlos enttäuscht.
- Nie wieder kann ich glücklich sein.
- Die Welt ist schlecht.

## Den Bann brechen

Um den Säufer-Vampir zu entzaubern, hilft am besten eines: die radikale Bestandsaufnahme seiner Person. Betrachten Sie seine Kleidung. Die ausgefransten Ärmelsäume, die ausgebeulten Hosenknie, die Flecken auf seinem Hemd. Schauen Sie sich an, was aus ihm geworden ist. Hat er nicht seine Begabungen grandios vergeudet? Sehen Sie hin! Ganz ohne Mitleid, denn Mitleid heißt mit-leiden – und das führt auf direktem Weg in die Gruft. Achten Sie auf die Diskrepanz zwischen seinen Worten und seinen Taten, zwischen seinen Träumen und der Realität. Machen Sie sich klar, dass er Sie nur so lange »liebt«, wie Sie ihm als Opfer zu Willen sind. Verweigern Sie sich ihm, lässt er Sie sofort fallen. Dann wird er über Sie ebenso schlecht reden, wie über alle anderen.

Der Energiesauger dieser Gattung hasst das Licht. Richten Sie also alle Scheinwerfer auf ihn! In der schonungslosen Helligkeit verflüchtigt sich sofort jeder romantische Anstrich, und Ernüchterung macht sich breit. Gut so, denn wenn Sie ihn nüchtern betrachten, erkennen Sie, was er ist: ein Versager. So einer hat doch keine Macht über Sie!

## Andockstrategie Nr. 6:

# Die Schnorrer-Masche oder »Ich muss jetzt endlich mal an mich denken«

Die wohl am häufigsten praktizierte vampiristische Masche ist die Schnorrer-Masche, bei der der Vampir je nach Naturell mal als nörgelnde Nervensäge, mal als weinerlicher Jammerlappen an unseren Kraftreserven zehrt. Auf welche Weise er auch andockt, typisch für diesen Energiesauger ist die Beharrlichkeit, mit der er sich seinen Opfern an die Fersen heftet. Mehr als jeder andere Sauger ist er von dem Gefühl getrieben, im Leben zu kurz gekommen zu sein oder in der Vergangenheit so viel für andere getan zu haben, dass er jetzt allen Anspruch auf Entschädigung habe. Um seiner Forderung Nachdruck zu verleihen, ist ihm jedes Mittel recht, von Schmeicheleien über Mitleidheischerei bis hin zu Tränen und Vorwürfen. Angesichts der Vehemenz, mit der er seine Forderung auf Zuwendung und Unterstützung durchsetzt, erinnert er bisweilen an eine emotionale Dampfwalze.

Charakteristisch für diese Form des energetischen Vampirismus ist, dass jeder einzelne Angriff auf unsere Kraftreserven wie ein kleiner Nadelstich ist. Nach dem Besuch des Saugers sind wir erschöpft, aber relativ bald haben wir uns wieder erholt. Dann kommt der nächste Angriff. Auch er ist eigentlich harmlos – für sich genommen. Die Summe aber macht's. Auf Dauer wirken die unablässigen Übergriffe ausgesprochen zermürbend, und nach und nach bluten wir aus.

Das besonders Kritische an der Sache: Wer für Sauger dieser Art anfällig ist, der zieht sie womöglich nicht einzeln, sondern im Rudel an: die dauerkranke Nachbarin, der das Leben so übel mitgespielt hat, ebenso wie die unzufriedene Kollegin, die rein moralisch längst Anspruch auf einen Chefposten hätte, wenn man ihr nicht dauernd irgendwelche Neulinge vor die Nase setzen würde; den schwatzhaften Zusteller vom Parcel Service, der all die vielen schweren Pakete schleppen muss, obwohl er's im Rücken hat; und nicht zu vergessen der schwül-schwammige Dummschwätzer, der immer nur Pech mit den Weibern hat und mit Hinweis auf die gemeinsame karmische Vergangenheit zähe Annäherungsversuche unternimmt – sie alle umschwirren die Frau mit dem guten Herzen (und prallen Adern), wie die Motten das Licht oder besser: wie die Wölfe den einsamen Wanderer. Wechselt sie die Straßenseite, um einem nervenden Zeitgenossen aus dem Weg zu gehen, lauert ihr dort schon der nächste auf. Es könnte Gabi sein ...

## Der Fall Gabi

Birgit (28) kommt mit ihrem dreijährigen Sohn Markus schwer bepackt vom Großeinkauf, als ihr im Flur eine Frau den Weg verstellt: Gabi, die neue Nachbarin, Parterre links. Sie kenne hier noch niemanden, und da habe sie sich gedacht ... Und überhaupt ... Da fiele ihr ein, sie hätte noch Schokolade, das wäre doch was für den Kleinen ... Mit diesen Worten verschwindet sie in ihrer Wohnung. Die

Tragetüten lasten schwer an Birgits Armen, und außerdem sieht sie es gar nicht gern, wenn jemand Markus Süßigkeiten zusteckt, doch sie hält den Mund und wartet. Einfach so zu gehen wäre schlicht unhöflich. Ein paar Minuten später bereut sie ihre Inkonsequenz. Kaum sind sie nämlich in der Küche angekommen, hat Markus das Schoko-Ei schon ausgewickelt, sich in den Mund gestopft – und ihr postwendend als ekligen Brei in die Hand gespuckt. Rumtrüffel. Nicht unbedingt nach dem Geschmack eines Dreijährigen. Das war Gabis Einstand. Was danach kommt, ist nicht besser.

Innerhalb der nächsten Tage erfährt Birgit, ob sie will oder nicht, so ziemlich alles, was sich bisher an Tragischem in Gabis Leben abgespielt hat, von der schlimmen Kindheit über die Krankheiten sämtlicher Verwandter bis hin zur jüngst vollzogenen Scheidung – auf die Ausbreitung der nervtötenden Details sei hier verzichtet. Beschränken wir uns auf das, was für den Schnorrer-Vampir charakteristisch ist.

Wie ein schlitzohriger Handelsreisender versteht es Gabi meisterlich, immer einen Fuß zwischen der Tür zu behalten: Wenn sie nachmittags zum Kaffeetrinken kommt, besteht sie darauf, sofort den Termin fürs nächste Treffen festzumachen. (»Sonst wird das nie was!« Die Stimme duldet keinen Widerspruch.) Wie oft sich die beiden auch sehen, es genügt Gabi nie. Scheinbar uneigennützig bietet sie ihre Hilfe als Babysitterin an. Aber wenn sie dann kommt, steht sie zwei Stunden früher als vereinbart vor der Tür, um noch ein bisschen Zeit zum Erzählen zu haben. Und ganz gleich wie müde Birgit nach Hause kommt, die Frau lässt sich kaum wieder hinauskomplimentieren.

Die ellenlangen Monologe, mit denen die Nachbarin ihr Opfer überschüttet, drehen sich ausschließlich um Negatives: um Ungerechtigkeiten, die ihr widerfahren sind, um Probleme, um Krankheiten und um Widrigkeiten. Wenn aber Birgit selbst einmal Kopfschmerzen hat und es Gabi sagt, dann verdreht diese seufzend die

Augen und meint: »Ach, ich auch!« Und schon folgt ein ellenlanges Lamento, bei dem sich herausstellt, dass ihr Leiden viel schlimmer ist als das von Birgit.

Auch körperlich ist Gabi distanzlos wie eine Klette: Ob bei der Küchenarbeit, zu der sie sich geradezu aufdrängt, oder beim gemeinsamen Spaziergang, stets rückt sie Birgit so dicht auf den Pelz, dass die den Impuls verspürt zu schreien oder wild um sich zu schlagen. Sie tut es natürlich nicht, hat aber gelegentlich die böse Phantasie, ihr »versehentlich« auf den Fuß zu treten.

Kurz gesagt: Gabi ist unerträglich, und Birgit wird sie einfach nicht los.

## Wehret den Anfängen

Auf der Pirsch nach neuer Beute setzen Schnäppchenjäger wie Gabi auf den Überraschungseffekt. Wie aus heiterem Himmel tauchen sie auf – im Wartezimmer, im Zugabteil, im Treppenhaus ... Und stets sind sie es, die den Kontakt aufnehmen. Meist überfallen sie ihr Opfer mit einer Geste der Freundlichkeit – einer Geste, die das Opfer gar nicht will, entweder weil sie von der Sache her völlig daneben ist (wie etwa Rumtrüffel-Schokolade für einen Dreijährigen) oder weil die Hintergedanken dabei deutlich zu spüren sind. Diese erste Begegnung ist der kritische Moment. Sie ist quasi der Testfall für den Vampir: Nimmt sein Gegenüber die Geste oder Einladung (wenn auch widerwillig) an? Übergeht es seine Gefühle? Hält es den Hals hin? Oder lässt es ihn eiskalt abblitzen? Nicht, dass diese Prüfung bewusst verliefe. Es ist ein instinktives Kräftemessen, das sich blitzschnell und unbemerkt auf rein energetischer Ebene abspielt. Dieser eine Augenblick genügt dem Vampir, um an seinem Opfer anzudocken und es fortan als Energiequelle zu nutzen. Gibst du dem Sauger den kleinen Finger, nimmt er die ganze Hand.

Stellen Sie sich vor, Sie sitzen im Zug und freuen sich, endlich Zeit zum Lesen zu haben – ein spannendes Buch, das Sie kaum aus der Hand legen können. Doch unter einem läppischen Vorwand verwickelt Sie ein redseliger Mensch in ein Gespräch – über den Nieselregen im November, die Unzulänglichkeiten der Bahn, die städtebaulichen Besonderheiten der Käffer am Wegesrand. »Warum immer ich?«, stöhnen Sie innerlich auf. Und trotzdem lassen Sie das Buch sinken und hören ihm zu? Warum nur? Es ist doch nicht so, dass Ihr Reisegenosse überaus sympathisch und unterhaltsam auf Sie wirken würde. Im Gegenteil: Er nervt Sie, langweilt Sie und hält Sie von dem ab, was Sie eigentlich tun wollten: lesen. Sie haben keine Lust auf sein Geschwätz. Er ist ein Vampir und gerade dabei, Ihnen seine Testsonden in die Haut zu bohren.

Es gibt zwei Möglichkeiten: Entweder Sie ziehen sich den Schal fest um den Hals, richten innerlich die Stacheln auf, wenden die Augen keine Sekunde von Ihrem Buch und geben klar zu erkennen, dass Sie beschäftigt sind. Dann zieht sich der Sauger alsbald zurück und sucht sich leichtere Beute. Oder Sie erinnern sich an Ihre gute Kinderstube. Und zack! Die Falle schnappt zu. Nicht umsonst heißt es: Höflich geht die Welt zugrunde ...

Und wenn der Vampir Sie erst einmal in den Fängen hat? Dann müssen Sie schwerere Geschütze auffahren. Es genügt nicht, mit dem Zaunpfahl zu winken. Sie müssen ihm den Pflock schon direkt durchs Herz treiben und seine Gefühle verletzen, selbst auf die Gefahr hin, dass er Sie für einen schrecklichen Unmenschen hält. Warum legen Sie so großen Wert darauf, dass ausgerechnet er Sie nett findet? Wenn Sie wollen, dass er Sie mag, dann können Sie sich gleich einen energetischen Dauerkatheter legen lassen.

## Sätze, die Sie hellhörig machen sollten

- Schönes Wetter heute! *(Der ideale Einstieg!)*
- Das Problem habe ich auch. Nur bei mir ... *(Der Sauger lenkt die Aufmerksamkeit auf sich.)*
- Wo du das sagst, fällt mir ein: Bei mir ... *(Ein Wunder, dass er Ihnen überhaupt so lange zugehört hat.)*
- Was ich dir schon die ganze Zeit erzählen wollte ...
- Schuld an meiner Misere ist ... *(Hauptsache es ist ein anderer!)*
- Du könntest mich ruhig auch mal anrufen!
- Du hast ja nie Zeit für mich!
- Wenn ich nicht wäre, würden wir uns ja nie sehen! *(Wenn er wüsste, wie Recht er hat.)*


## Inflation der Wünsche

Seien Sie gewiss: Was auch immer Sie für einen Vampir des Schnorrer-Typus tun, es reicht nie. Er ist wie Ilsebill, die Fischersfrau, die ihren Mann vorschickt, um sich vom Butt einen Wunsch nach dem anderen erfüllen zu lassen. Doch was es auch ist, stets könnte es noch ein bisschen größer und besser sein. Sie könnten einem solchen Menschen die Sterne vom Firmament oder die Perlen aus der Tiefsee holen, er würde sie nur kurz anschauen und dann sagen: »Ganz nett. Aber die nebendran, die sind noch viel schöner! Wenn du mir *die* bringen könntest ...«

Eine Weile mögen Sie es schaffen, hinter seinen Wünschen herzuhecheln, aber irgendwann müssen auch Sie passen. Es sei denn, Sie wollten ihn aus purem Mitleid mit in Ihr Bett nehmen, um ihm die bleichen Füße zu wärmen. Und selbst dann würde ihm bestimmt noch etwas Neues einfallen. Da er nie genug bekommen kann, müssen Sie ihn früher oder später zwangsläufig enttäuschen. Warum tun Sie es also nicht gleich? Irgendwo ist eine Grenze. Setzen Sie sie! Jetzt!

Andockstrategie Nr. 7:

# Die Beste-Freundin-Masche oder »Gemeinsam sind wir stark«

Der Vampir, oder treffender: die Vampirella mit der Beste-Freundin-Masche ist die Liebenswürdigkeit in Person. Sie verwöhnt uns mit kleinen Aufmerksamkeiten, schreibt Karten aus dem Urlaub, bringt Röschen mit zum Tee und denkt, wenn's sein muss, sogar an das Leckerli für den Hund. Zur Begrüßung ein Küsschen links, ein Küsschen rechts, ihr schweres Parfum hüllt uns in eine Wolke. Sie nennt uns »meine Liebe« und flötet uns Schmeicheleien ins Ohr. Und doch stutzen wir, denn wir spüren, dass irgendetwas nicht stimmt. Allzu hohl klingen ihre Komplimente, allzu schmalzig ihr Jargon. In unserem inneren Radar leuchten die Warnlichter auf: Die Frau spielt doch ein falsches Spiel?!

Und richtig: Die Vampirfrau dieser Gattung ist eine Spionin – nicht etwa im Auftrag einer fremden Macht, sondern in eigenem Interesse. Sie macht sich an uns heran, um uns auszukundschaften. Alles will sie über uns wissen, wie wir wohnen, was wir essen, was oder wen wir lieben, wovon wir träumen. Was nach Interesse an unserer Person aussieht, ist berechnendes Kalkül. Die Saugerin fahndet gezielt nach unseren Schwächen. Kleine Geständnisse, Ängste, Unsicherheiten, das ist es, worauf sie aus ist. Drei Kilo zugenommen? Ach, du Ärmste! Die Milch übergekocht? Nein, wie unangenehm aber auch! Unstimmigkeiten mit dem Ehemann? Was du nicht sagst?!

Während sie uns beim gemütlichen Kaffeeklatsch von Frau zu Frau aus der Reserve holt und uns so manchen Hinweis auf unser Innenleben entlockt, achtet sie peinlich darauf, von sich selbst niemals etwas wirklich Vertrauliches preiszugeben. Nie würde sie sich eine Blöße vor uns geben. Mit den Geheimnissen anderer hingegen geht sie wesentlich großzügiger um.

Solange wir zu zweit sind, gibt die Energiesaugerin das schnurrende Kätzchen. Kaum sind andere Leute dabei, ändert sich ihr Verhalten schlagartig. Da fährt sie auf einmal ihre spitzen Krallen aus. Und aus ihrem sorgfältig zusammengestellten Wissensfundus über unsere Unzulänglichkeiten zaubert sie im rechten Moment lauter kleine Informationsbröckchen hervor, die sie den anderen zum Fraß vorwirft. »Es ist doch gut, dass du dir die Haare nachgefärbt hast. Der graue Ansatz hat dich so alt gemacht«, bemerkt sie beiläufig, wenn gerade der Mann daneben steht, in den wir uns frisch verliebt haben. Und dabei schüttelt sie ihre ellenlange, naturrote Mähne. Ein andermal erzählt sie vor versammelter Mannschaft brühwarm die Geschichte weiter, die wir ihr kurz zuvor unter dem Siegel der Verschwiegenheit anvertraut haben – und allen ist klar, dass sie sie nur von uns haben kann.

Und warum ist sie so biestig? Was bringen ihr diese Sticheleien und Gemeinheiten? Ganz einfach: Sie lassen sie im Vergleich zu uns besser dastehen. Wenn sie uns klein macht, kommt sie selbst größer heraus. Dazu wirft sie kistenweise ihren karpatischen Lehm in unsere Waagschale, damit wir plump und schwer in die Tiefe sacken, während sie schmetterlingsgleich in die Höhen entschwebt. Und das sieht dann so aus:

# Der Fall Sibylle

Als Bärbel (31), verheiratet, ein Kind, ihre neue Stelle in einer Werbeagentur antritt, wird sie von ihrer künftigen Kollegin Sibylle geradezu überschwänglich begrüßt. Sie freut sich umso mehr über den freundlichen Empfang, als sie ihrer alten Firma wegen des schlechten Betriebsklimas den Rücken gekehrt hat. Noch während Bärbel ihren Schreibtisch einräumt, gibt Sibylle ihr erste Kostproben ihres »Insiderwissens«. Bald ist sie über die Marotten des Chefs und die Unfähigkeit des Art Directors ebenso im Bilde wie über den zarten Schweißgeruch der Sekretärin im Zimmer gegenüber.

Wie glücklich sie über ihre neue Kollegin sei, verkündet Sibylle fortan ungefragt bei jeder Gelegenheit, und wenn die beiden Frauen in die Kantine gehen, dann hakt sie sich demonstrativ bei ihr unter und flüstert ihr etwas zu. Wie die dicksten Freundinnen sehen sie aus. Nur merkwürdig, dass die übrigen Kollegen Sibylle eher aus dem Weg gehen ...

Kaum eine Woche später ist Bärbel zum ersten Mal privat bei Sibylle zu Gast. Ein mehrgängiges Candlelight-Dinner erwartet sie, und die Gastgeberin empfängt sie im kleinen Schwarzen. Damit hat sie nicht gerechnet, sie dachte eher an eine Pizza vom Lieferservice. Und Freizeitdress. Wie unendlich schäbig kommen ihr auf einmal ihre Lieblingsjeans vor. Bei der Gegeneinladung will sie alles gutmachen, steht den ganzen Samstag in der Küche, ausgerechnet sie, die Kochen einfach ätzend findet. Gut, dass ihr Mann übers Wochenende weg ist. Er hätte sie sonst für verrückt erklärt.

Sibylle trifft ein, das Mahl ist perfekt. Gerade will sich Bärbel entspannt zurücklehnen, da kommt es: »Ich hatte früher auch mal solche dunklen Türen in der Wohnung. Mit dem gleichen braunen Riffelglas. Und auch derart scheußliche Griffe. Du musst dir mal vorstellen, in den 70er-Jahren hat man so was freiwillig eingebaut!

Bei mir ist das alles rausgeflogen. Ich konnte es einfach nicht mehr sehen. Na ja, wenn ihr das nächste Mal renoviert – es ist ja überhaupt längst fällig.« Paff! Schon wieder fühlt sich Bärbel klein. Gleich am Montag wird sie mit Walter, ihrem Mann, reden. Wann hatten sie zum letzten Mal die Maler im Haus?

Als die Sekretärin in der Firma beiläufig davon spricht, dass sie auch ans Tapezieren denke (»Sibylle hat mir erzählt, wie es bei Ihnen aussieht. Na, da haben wir ja beide eine Menge Arbeit vor uns.«), steht der Entschluss fest: Die Handwerker müssen her!

Von nun an sehen sich die beiden Frauen häufig. Nicht nur, dass Sibylle mehr von Innenausstattung versteht – sie sucht dringend den Kontakt. Manchmal fragt sich Bärbel, warum sich ihre neue Freundin überhaupt mit ihr abgibt. Neben ihr fühlt sie sich fast wie eine graue Maus – obwohl sie wirklich attraktiv ist. Griff sie beim Kleiderkauf früher zielsicher nach den Dingen, die ihr am besten standen, ist sie auf einmal unsicher. Ob der Petrolton sie nicht doch zu blass macht? Oder das Orange sich etwa mit ihrer Haarfarbe beißt? Am besten, sie nimmt Sibylle mit. Die wird ihr schon raten. Und so kommt es, dass sich Bärbel unter dem Einfluss ihrer neuen Freundin zunehmend in Pastellfarben hüllt. »Edel«, sagt Sibylle. »Langweilig«, sagt ihr Mann.

Apropos Mann: Neulich kam Sibylle nach der Arbeit auf einen Tee mit zu Bärbel. Als Walter nach Hause kam, grüßte sie ihn mit kokett gesenktem Blick. Dann verschwand sie auf der Toilette und kam ein paar Minuten später mit frisch aufgelegtem knallroten Lippenstift heraus. Nachdem sie sich wieder an den Tisch gesetzt hatte, fiel Bärbel auf, dass sie auch die obersten Knöpfe ihres ohnehin knapp sitzenden Jäckchens geöffnet hatte. Und Walter, der sie nicht leiden kann? Für den Bruchteil einer Sekunde flackerte ein kleines, begehrliches Licht in seinen Augen auf ...

# Eiskaltes Kalkül

Nicht, dass Sibylle in Walter verliebt wäre (»Ich versteh dich nicht, Bärbel. Wie kannst du es nur zulassen, dass er sich immer so bieder anzieht?!«). Sie ist ein Vamp, und der verliebt sich nicht. Sie will ihn haben, um es Bärbel zu zeigen. »Er hat dich damals bloß genommen, weil er mich noch nicht kannte«, so lautet ihre Botschaft. An seiner Person ist sie nicht interessiert. Er ist nur eine Schachfigur, mit der sie eiskalt die Dame schlägt. Wenn Bärbel dabei das Herz blutet, hat sie erreicht, was sie will.

Mit ihren gezielten Nadelstichen poliert die »beste Freundin« nicht nur ihr Image auf unsere Kosten auf, wir sollen auch noch einen weiteren Zweck erfüllen. Sie will Königin sein, und was wäre eine Königin ohne Hofstaat? Anders als ihr karpatischer Verwandter steht sie nicht auf muffige Capes. Sie hat es gern eleganter. Draculas Schwestern waren schließlich auch von lauter tanzenden, glitzernden Stäubchen umgeben. Wenn sie ein Fest ausrichtet, stellt sie keine Leihtische aus dem Getränkemarkt auf, und niemand sitzt auf harten Bänken. Nie steht sie schwitzend am Holzkohlegrill. Je nach Geldbeutel überlässt sie die Arbeit entweder dem Fußvolk (also uns armen Dummen), oder sie lässt liefern – natürlich vom Feinsten. Und während sie im großen Stil empfängt, ist allen klar: Sie ist der Star des Abends. Wir anderen sind nur Staffage.

Was die »beste Freundin« unter den Vampiren überhaupt nicht ertragen kann, ist, wenn ihr jemand die Schau stiehlt. Die zweite Geige zu spielen ist nichts für eine Königin. Wird die Frau neben ihr zum Tanz aufgefordert und sie bleibt sitzen, ist Schluss mit lustig. Dann überfällt sie entweder schlagartig die Migräne und sie sucht das Weite, oder sie wirft sich dem spektakulärsten Mann im Saal an den Hals und gibt nicht eher Ruhe, bis er sie im Tangoschritt über das Parkett schiebt. Dann beben ihre Nüstern vor Stolz!

## Checkliste: Wie loyal ist die »beste Freundin« wirklich?

- Wie verhält sich XY in Krisenzeiten? Steht sie zu mir, oder bürstet sie mich ab, etwa nach dem Motto: »Ich hab dir ja schon immer gesagt, dass das schief geht!«
- Stärkt mir XY im Beisein anderer den Rücken, oder haut sie mich hinterrücks mit spitzen Bemerkungen in die Pfanne?
- Kann XY mich so lassen, wie ich bin, oder hat sie ständig etwas an mir auszusetzen?
- Wie redet XY über andere Leute? Zieht sie diese ständig durch den Kakao? (Wenn sie es mit anderen macht, geht sie mit mir sehr wahrscheinlich auch nicht besser um.)
- Wie geht XY mit Geheimnissen um, die ich ihr anvertraue? Behält sie sie für sich oder erzählt sie sie weiter? (Im Zweifelsfall »Testballon« steigen lassen: eine kleine Indiskretion begehen und beobachten, ob die Information durchsickert.)
- Zeigt sich XY vor mir auch einmal schwach, oder ist sie immer makellos? Erzählt sie auch einmal von ihren Misserfolgen, oder immer nur davon, wie großartig sie alles macht?
- Buhlt XY mit mir um die Gunst des Chefs/des Partners/anderer Freundinnen?

## Schweigen ist Gold

Genau betrachtet ist die Energiesaugerin dieser Gattung ein bedauernswertes Geschöpf. Nie darf sie sich geben, wie sie wirklich ist. Nie kann sie sich entspannen. Dauernd muss sie sich mit anderen messen, ständig muss sie überlegen, welche Wirkung sie nach außen hin hat und wie sie sich optimal präsentieren kann. Wie unendlich mühevoll muss es sein, permanent die eigene Fassade zu polieren, damit keiner bemerkt, wie schäbig es dahinter aussieht. Nirgends wirklich dazuzugehören, das ist Vampirellas Fluch. Lebendig fühlt sie sich nur, wenn sie sich von den Menschen ringsum abhebt, wenn sie in der Konkurrenz besteht.

Doch zerfließen wir nicht vor Mitgefühl, sie hat auch kein Mitleid mit uns. Seien wir lieber misstrauisch, und versiegeln wir unsere Lippen! Kein vertrauliches Wort soll sie uns entlocken, auch wenn sie noch so in uns dringt! Denn so, wie sie in unserem Beisein über andere lästert, lästert sie über uns bei den anderen. Bei ihr ist kein Geheimnis sicher. Was wir ihr anvertrauen, könnten wir genauso gut ans schwarze Brett nageln. Tratsch und Klatsch saugt sie auf wie Goethes Braut von Korinth das Herzblut des Jünglings. Beteiligen wir uns daran, hat sie uns in der Hand. Oder vielmehr: in den Klauen. Verweigern wir ihr also die Komplizenschaft! Und wenn es notwendig ist: Konfrontieren wir sie mit ihrer Scheinheiligkeit!


## Mit einem leisen Lächeln ...

Konkurrenz belebt das Geschäft, dieser Spruch mag für die Welt des Big Business gelten. Unter Freunden hingegen ist sie tödlich. Lassen wir uns auf das Spiel ein, hecheln wir von nun an wie ein Wolfsjunges hinter seiner Mutter her. Sie wird uns immer einen Sprung voraus sein. Und sie springt immer besser und weiter als wir.

Die »beste Freundin« ist eine begnadete Selbstdarstellerin. Sie ist ein Profi in der Kunst der Eigenwerbung. Wie großartig wir auch sein mögen, im Vergleich zu ihr wirken wir mit unserem laienhaften Auftritt zwangsläufig wie aus der zweiten Garde. Wir treten unvorbereitet auf die Bühne, sie hingegen hat geprobt. Und vor allem: Sie ist es, die das Theaterstück wählt und den Ton angibt. Und so tritt sie uns tunlichst nur in ihren Meisterrollen gegenüber. Sie kennt all unsere Schwachpunkte, denn sie hat uns gründlich ausspioniert (was wir selbst ihr vorenthalten, findet sie über Dritte heraus). Wir hingegen wissen von ihr höchstens, welche Nobelmarken sie bevorzugt. Herzlich wenig, um uns mit ihr zu messen.

Versuchen wir es besser gar nicht! Lehnen wir uns lieber zurück und lassen sie ins Leere laufen. Schauen wir ihr in aller Gemütsruhe zu, wie sie balzt und auf und ab stolziert, wie sie immer tollere Kapriolen vollführt – wenn wir nicht mitmachen, wird sie irgendwann das Interesse verlieren oder atemlos zu Boden sinken. Zeigen wir uns ungerührt von ihrem Protz und Pomp. Mokiert sie sich über unser Auto, unser Make-up oder unser Kleid, parieren wir ihren Angriff mit einem knappen: »Mir gefällt es gut.« Punkt. Keine weitere Rechtfertigung. Wozu auch. Wir sind die Expertinnen unseres eigenen Stils. Seien wir höflich und kühl. Und verziehen wir ironisch lächelnd den Mund, wenn sie uns von ihren glanzvollen Taten erzählt. Dann fühlt sie sich ertappt. Mehr braucht es nicht, um sie in die Flucht zu schlagen.

## Andockstrategie Nr. 8:

# Die Bewunderer-Masche oder »Du bist ja so toll«

Mit großen Augen schaut der Vampir mit der Bewunderer-Masche zu der Frau auf, die er ins Visier genommen hat. Er hebt sie auf einen hohen Marmorsockel und gibt ihr zu verstehen, dass sie so ziemlich das Größte ist, was zwischen Himmel und Erde wandelt. Keiner kann ihr das Wasser reichen. Und andächtig hängt er (oder sie, denn vergessen wir nicht: das Vampircape ist ein Unisex-Modell) an ihren Lippen.

Und was ist dagegen einzuwenden? Ist es nicht zur Abwechslung ganz schön, einmal unangefochten die Beste zu sein? Natürlich ist es das! Es gibt kaum einen Motivationsfaktor, der uns so beflügelt, wie Lob und Anerkennung. Aber wie mit so ziemlich allem, was uns ein gutes Gefühl gibt, ist es auch mit der Bewunderung: Sie kann süchtig machen. Und ob bewusst oder unbewusst, in eben diese Bresche springt der Energiesauger zielgenau hinein. Er gibt uns, wonach wir lechzen. Er würdigt unser Tun und erkennt unseren Einsatz auch an. Dann lehnt er sich zurück und lässt uns machen. Es funktioniert wunderbar. Wenn er uns nur genügend Zuckerbrot hinhält, kann er die Peitsche im Halfter lassen.

Portionsweise füttert er uns an. Eine kleine Schmeichelei hier, ein leichtes Schulterklopfen da. Und mit jedem seiner Sätze wird der Sockel ein kleines Stückchen höher ...

In manchen Situationen sind wir uns durchaus bewusst, dass Komplimente nicht immer uneigennützig sind, und lassen ein gesundes Misstrauen walten. Wenn uns etwa die Verkäuferin in der Modeboutique mit Worten wie »Das macht Sie zehn Jahre jünger!« ausgerechnet das teuerste Stück im Laden anzudrehen versucht, dann schrillen sämtliche Alarmglocken. Und rühmt der Mann an unserer Seite unseren geschickten Umgang mit Nadel und Faden, wissen wir, dass er bloß keine Lust hat, selbst den abgerissenen Knopf wieder anzunähen.

Solche Avancen versprechen eher dürftige Erfolge. Begibt sich der Energiesauger jedoch auf ein Terrain, auf dem wir nicht mit seinem Angriff rechnen, sieht die Sache gleich ganz anders aus:

## Der Fall Doris

Als sich Ute (37), verheiratet, zwei Kinder, zum Italienischkurs bei der Volkshochschule einschreibt, möchte sie zwar auch ihre Sprachkenntnisse für den Urlaub aufpolieren, in erster Linie aber will sie dem Alltagsfrust entfliehen. Nicht nur, dass sie unter der Eintönigkeit des Hausfrauendaseins leidet und eine ihrer beiden Töchter gerade einen pubertären Schub hat. Auch in der Partnerschaft kriselt es. Ihr Mann hat eine andere. Die Ehe steht auf des Messers Schneide. Dass ausgerechnet ihr das passiert, ist doppelt bitter. Seit Jahren hat sie sich mit Psychologie befasst, hat Dutzende von Büchern über Partnerschaft gelesen und jede Menge Seminare zum Thema Konfliktbewältigung besucht. Und jetzt das!

Ute braucht Abwechslung, muss mal an etwas anderes denken, und auf diese Weise kommt sie wenigstens einmal die Woche abends raus.

Doris setzt sich gleich am ersten Kursabend neben sie. Sie wirkt eher introvertiert, zurückhaltend. »Wie du dich zu reden traust«, wundert sie sich, als sie nachher noch in einem Café zusammensitzen. »Ist doch gar nicht so schwer«, wehrt Ute ab. »Beim nächsten Mal kennst du die Leute schon. Da wird es dir auch leichter fallen.« Doch ganz so einfach ist die Sache nicht. Doris begreift die einfachsten Grammatikregeln nicht und kann sich keinerlei Vokabeln merken. Wenn Ute sieht, wie sie sich plagt, hat sie beinahe ein schlechtes Gewissen, dass ihr das Lernen so leicht fällt. »Wie dir das alles zufliegt«, meint Doris eines Abends. »Du bist ein echtes Sprachgenie!« Wie könnte Ute ihr die Bitte abschlagen, an einem Nachmittag in der Woche mit ihr zu üben? (Obwohl sie wahrlich anderes im Kopf hat, denn gerade hat sie wieder einmal eine größere Auseinandersetzung mit ihrem Mann hinter sich.)

Als Ute wie vereinbart bei Doris erscheint, ist der Kaffeetisch liebevoll gedeckt und die Bücher liegen bereit. Aber zum Vokabellernen kommen sie nicht, denn Doris erzählt, warum sie unbedingt Italienisch lernen will: Sie ist mit einem Sizilianer liiert. Ein ziemlicher Macho, wie sich herausstellt. Er hat Doris knallhart unter der Fuchtel und macht sie fertig, weil sie, wie er sagt, zu allem zu blöd sei.

Ute hört aufmerksam zu. Und sie weiß Rat, schließlich hat sie viel über solche Themen gelesen. »Du bist wirklich total einfühlsam«, lobt Doris. »Jetzt geht es mir schon viel besser.« Ute lächelt dankbar. Als sie später wieder im Auto sitzt, fühlt sie sich auf einmal hunde-elend. Sie weiß nicht, wie es weitergehen soll. Ihr Mann hat sich zwar angeblich von seiner Freundin getrennt, aber sie hat trotzdem das Gefühl, dass er auf dem Absprung ist. Beim Durchsehen der Kontoauszüge hat sie bemerkt, dass er angefangen hat, Geld beiseite zu schaffen.

Am nächsten Tag ruft Doris bei ihr an: »Wie geht's?« »Wie geht's dir?«, gibt Ute zurück, ohne auf die Frage einzugehen. »Nicht besonders ... Du hast mir gestern so geholfen. Ich bin dir ja so dankbar. Aber gestern Abend hat Carlo ... «, ihre Stimme versagt, sie kann kaum weitersprechen. »Was hat Carlo?«, erkundigt sich Ute. »Er hat mich geschlagen. Er hat geglaubt, ich hätte einen Mann zu Besuch gehabt, am Nachmittag! Vielleicht könntest du mal mit ihm reden. Wenn du ihm sagst, dass du da warst ...«

Und Ute fährt hin. Carlo ist von ihr hingerissen. Er glaubt ihr aufs Wort, entschuldigt sich unter Tränen bei Doris und schwört, dass es nie wieder passieren soll. »Du bist wirklich großartig!«, jubelt Doris. Wenigstens eine, die mir das sagt, denkt Ute. Als sie eben von zu Hause weggegangen ist, hat ihr ihre Tochter »Ich hasse dich!« nach-gebrüllt – so laut, dass die ganze Nachbarschaft es hören konnte.

Zwei Tage später liefert der Postbote ein Päckchen für Ute ab: italienische Mandelkekse. Ein kleines Dankeschön. Abends steht Doris vor der Tür. Mit einem blauen Auge. »Kannst du nochmal mit Carlo reden?« ...

## Balsam auf die wunde Seele

Gerade in Krisenzeiten, wenn wir unzufrieden mit uns selbst sind oder viel Kritik einzustecken haben, sind wir besonders anfällig für die Bewunderer-Masche. Dann saugen wir jede Form der Bestätigung auf wie ein ausgetrockneter Schwamm. Und um sie zu bekommen, sind wir bereit, das Äußerste zu geben. Die Sache mit Doris spitzte sich immer mehr zu. Ute stellte Carlo mehrmals zur Rede, zweimal brachte sie ihre Freundin sogar ins Frauenhaus. Doch Doris kehrte immer wieder zu ihm zurück. Wenn der Haussegen mal wieder schief hing, rief sie sogar mitten in der Nacht bei Ute an. Und ganz gleich, wie es ihr ging, Ute war stets zur Stelle. Von sich selbst erzählte sie nie. Wie hätte Doris ihr auch helfen können? Die hatte doch keine Ahnung!

Irgendwann schaffte Doris es trotzdem, Carlo zum Teufel zu jagen. Ute sei dank; sie ging mit zur Polizei, um das Hausverbot zu erwirken. Kaum einen Monat später lernte Doris über eine Annonce einen neuen Mann kennen. Olaf. Der Italienischkurs war gestorben. Auch sonst brauchte sie Ute nicht mehr. Sie rief kein einziges Mal mehr an, war wie vom Erdboden verschluckt. Irgendwann flatterte eine Hochzeitsanzeige ins Haus – vorgedruckt, ohne weiteren persönlichen Gruß. Die beiden hatten geheiratet. Happy End – für Doris. Nur Ute flennte noch immer. Ausgerechnet an jenem Tag hatte ihr Mann ihr mitgeteilt, dass er sich jetzt endgültig scheiden lassen wollte.

## Das Super-Ich

Anerkennung braucht jeder Mensch. Bleibt sie uns versagt, gehen wir ein wie die bewusste Primel ohne Wasser. Zu loben und gelobt zu werden ist also überaus wichtig und sinnvoll. Zur Masche wird das Austeilen von Komplimenten erst, wenn es mit einem Hintergedanken verbunden ist, und wenn wir mit so viel Ruhm und Preis überschüttet werden, dass es uns beinahe schon unangenehm ist – aber eben nur beinahe. Das ist die Taktik des Vampirs.

## Sätze, die Sie hellhörig machen sollten

- Allein deine Stimme ist Balsam für mich.
- So gut wie du kann es keine.
- Niemand kann so gut zuhören wie du.
- Dein Talent möchte ich haben!
- Du bist die Allergrößte!

Der Vampir neidet seinem Opfer die Stärke und gibt ihm unterschwellig zu verstehen: Du bist vom Kosmos viel reicher gesegnet als ich – du bist begabt, belesen, schlau und klug. Und wer so auf der Sonnenseite des Lebens steht wie du, der ist moralisch zum Teilen verpflichtet. Wie es in unserem Alltag aussieht, ob wir es wirklich schaffen, all unser Wissen und unsere große Weisheit in die Praxis umzusetzen und uns damit ein zufriedenes Leben aufzubauen, oder ob wir etwa selbst in Schwierigkeiten stecken – mit solchen Details will der Energiesauger nicht behelligt werden. Indem er uns lobt, baut er etwaigen Eingeständnissen von Schwäche vor. »Du weißt wirklich in jeder Situation Rat«, schmeichelt er. Wie könnten wir ihm da sagen, dass uns die Probleme bis zum Halse stehen und wir nicht mehr ein noch aus wissen. Das würde sich doch echt nicht gut machen.

Genau hier aber liegt die Ausstiegsmöglichkeit aus der Falle des Energiesaugers: Entzaubern wir das Bild von uns! Zeigen wir uns zur Abwechslung einmal schwach und fehlbar, und lösen wir uns von dem Größenwahn, die Menschheit retten zu können. Verabschieden wir uns von dem eitlen Wunsch, immer gut dastehen zu wollen.

Sauger wie Doris erinnern an die Jungfrauenopfer aus dem Vampirroman – mit ihrem lieblichen Wesen ziehen sie Schattengestalten wie Carlo an und einmal ausgesaugt, werden sie selbst zum Vampir. Jetzt müssen sie ihrerseits auf Raubzug gehen, aber sie tun es nicht gern, denn es widerspricht ihrem freundlichen Naturell. Wie gut, dass wir in ihrem Fall auf das Pfählen verzichten können. Um uns unangreifbar zu machen, brauchen wir uns nur einer verstaubten, altmodischen Tugend zu erinnern: der Demut. Bleiben wir bescheiden, wenn uns Fledermausflügel den Bauch pinseln. Ziehen wir nicht freiwillig in den Heldentod, nur weil für unseren Einsatz ein billiger Blechorden winkt!

Mit jedem Fehler, den wir einem solchen Sauger gegenüber eingestehen, demontieren wir einen Stein des Sockels, auf den er uns gestellt hat. Mit jedem Missgeschick, von dem wir ihm erzählen, werden wir ein Stück kleiner – und damit als Opfer uninteressanter. Schließlich wird Energie immer nur dort gezapft, wo einer mehr und der andere weniger hat oder zu haben glaubt.

In diesem Fall können wir sogar noch einen Schritt weiter gehen und dem Vampir die Chance geben, aus seiner Gruft zu steigen. Mit unserer Hilfe kann es ihm gelingen, über sein Schattendasein hinauszuwachsen: Lassen wir ihn seine Herausforderungen selbst bestehen. Nehmen wir ihm weder schwierige Aufgaben noch unangenehme Pflichten ab. Bitten wir ihn stattdessen selbst um Hilfe. Überwinden wir uns, von ihm zu nehmen, statt ihm immer nur zu geben. So kann er zeigen, was in ihm steckt – und dabei womöglich erkennen, dass er gar nicht so arm dran ist, wie er immer denkt. Dass er gar nicht saugen *muss*. Dann ist er erlöst, und die Seel' hat wieder Ruh'.

## Andockstrategie Nr. 9:

# Die Selbstmörder-Masche oder »Ich kann ohne dich nicht leben«

Kommen wir zuletzt zum Notnagel unter den Vampirstrategien: der Selbstmörder-Masche. Sie ist die Ultima ratio, auf die der Sauger verfällt, wenn er alle anderen Register vergeblich gezogen hat und ihm seine Felle fortzuschwimmen drohen. Bis auf den einen Menschen – sein Opfer – steht er ganz alleine da. Alle anderen hat er vergrault oder gegen sich aufgebracht, womöglich nachdem er selbst bis zum letzten Blutstropfen ausgebeutet worden ist. Niemand ist mehr bereit, ihm zuzuhören und den Hals für ihn hinzuhalten. Eine verzweifelte Lage!

Dieser Vampir fühlt sich nicht nur wie die ärmste aller Nachtgestalten – er ist es tatsächlich. Die ganze Welt scheint sich gegen ihn verschworen zu haben. »Wenn du mich jetzt auch noch im Stich lässt, habe ich niemanden mehr«, schluchzt er wahrheitsgemäß. »Dann macht das Ganze sowieso keinen Sinn mehr! Dann kann ich mich ja gleich umbringen!«

Was bleibt dem Opfer also übrig, als ihm seinen Willen zu lassen? Als bei ihm zu bleiben, ihm gut zuzureden, ihm die schönen Seiten des Lebens wieder schmackhaft zu machen? Das Fatale an der Sache: Wenn der Vampir einmal mit dieser Masche durchgekommen ist, wird er sie immer wieder anwenden. Und er kommt meistens durch, denn dieser Form der emotionalen Erpressung können sich die wenigsten entziehen.

In diesem Stadium der Beziehung hat das Opfer die Warnungen seiner inneren Stimme vernommen und erkannt, dass es ausgebeutet wird. Höchste Zeit, die Verbindung zu kappen, das ist ihm klar. Es ist auf dem Absprung. Ob es seine Absicht mit Worten zum Ausdruck bringt oder nicht, ist unerheblich, denn der Sauger verfügt über extrem feine Antennen. Instinktiv spürt er, dass sich ihm der letzte noch verbliebene Mensch entziehen will, und das macht ihm fürchterliche Angst. Aus eigener Kraft glaubt er, nicht leben zu können. Ohne Zugriffsmöglichkeit auf fremde Energiepotenziale zu existieren erscheint ihm ebenso unmöglich, wie ohne Druckanzug und Atemgerät in die Tiefsee hinabzutauchen. Kein Wunder, denn er weiß nicht, wie er auf seine eigenen Ressourcen zugreifen kann. Ja, es ist ihm noch nicht einmal bewusst, dass er über eigene Ressourcen verfügt. Angesichts seiner Notlage ist es durchaus verständlich, wenn er sagt: »Ohne dich ist alles aus!« Auch Katrin ist in einer solch verzweifelten Situation:

## Der Fall Katrin

Ulrike (34), verheiratet, zwei Kinder, lernt Katrin in einer psychosomatischen Kurklinik kennen. Sie selbst ist dort, um sich von den Folgen ihres Burnout-Syndroms zu erholen. Obwohl sie ein dringendes Bedürfnis nach Ruhe verspürt, gelingt es ihr nur selten, einmal allein spazieren zu gehen oder sich für einen Nachmittag in ihr Zimmer zurückzuziehen, so hartnäckig heftet sich Katrin ihr an die Fersen. Kaum hat Ulrike die Tür hinter sich ins Schloss gezogen, klopft Katrin unter irgendeinem Vorwand an und verwickelt sie in ein weitschweifiges Gespräch. Nicht einmal beim Essen lässt sie sie in Ruhe. Sie kommt vom Hundertsten ins Tausendste und erzählt haarklein jedes einzelne Detail aus ihrem Leben.

Ulrike ist völlig genervt, lässt sich aber nichts anmerken. Sie bringt es einfach nicht fertig, die arme Frau vor den Kopf zu stoßen, denn nach allem, was sie ihr erzählt, steckt sie in einer tiefen Lebenskrise. Und sie hat niemanden, mit dem sie sich hätte austauschen können. Ihre Mutter ist sehr beschäftigt und hat wenig Zeit, ihre Schwester ist mit einem Mann verheiratet, den sie nicht leiden kann (was wohl auf Gegenseitigkeit beruht, denn er hat ihr das Haus verboten). Außerdem beutet sie ihr Lebensgefährte, mit dem sie auch geschäftlich verstrickt ist, offenbar schamlos aus und nutzt jede Gelegenheit, sie fertig zu machen. Und auch in der Klinik findet Katrin kaum Anschluss; sie scheint sich auch nicht sonderlich um weitere Bekanntschaften zu bemühen, wohl weil sie Ulrike gleich am Tag ihrer Ankunft in ihr Herz geschlossen hat und sie ihr als Gesprächspartnerin vollauf genügt.

Der Zufall will es, dass Ulrike und Katrin nicht nur in der Klinik Tür an Tür leben, sondern, wie sich herausstellt, auch sonst beinahe Nachbarinnen sind: Sie leben in derselben Stadt nur ein paar Straßen voneinander entfernt. So ist es nur natürlich, dass der Kontakt auch nach der Kur nicht abreißt. Im Laufe der Zeit bürgert es sich ein, dass die beiden Frauen allmorgendlich miteinander telefonieren. In der ersten Zeit ist es immer Katrin, die anruft, doch als sie nach ein paar Wochen beiläufig meint, Ulrike könne ja auch mal zum Hörer greifen, stimmt diese pflichtbewusst zu. Ihre Freundin hat ja Recht, wenn sie sagt, dass es immer zwei Seiten braucht, um eine Freundschaft zu pflegen ...

Große Lust anzurufen hat Ulrike dennoch nicht, muss sie sich doch fast täglich ein Lamento über all das Traurige und Schreckliche anhören, was Katrin widerfahren ist. Nicht, dass sie ihre Freundin nicht ernst nehmen würde. Es vergeht wirklich kaum ein Tag ohne irgendeine Hiobsbotschaft. Wie die Frau das überhaupt aushält, ist ein Rätsel. Erst wird bei der Mutter Parkinson diagnostiziert, dann kommen die Schwester und der Schwager bei einem Autounfall ums Leben. Der Lebensgefährte hat ein Blutgerinnsel im Gehirn und springt dem Tod gerade noch von der Schippe. Danach verfällt er in tiefste Depressionen, liegt von morgens bis abends im Bett und drangsaliert Katrin mit wirren, aberwitzigen Verdächtigungen. Eines Tages rafft er sich auf, zieht sich an, als wäre nichts gewesen, geht aus dem Haus und verschwindet auf Nimmerwiedersehen.

## Maschen-Wechsel

Sie haben es sicher erkannt: Bis zu diesem Moment ist Katrin geradezu ein Musterbeispiel für den Fall des energetischen Schnorrers, wie er auf Seite 81ff. beschrieben ist. Jetzt aber nehmen ihre Verlassenheitsängste überhand, und so schwenkt sie zur Erhöhung des Drucks auf die Selbstmörder-Masche um. Auch andere Strategien – allen voran die Häschen-, Säufer- und Bewunderer-Masche – können im Extremfall kippen und in diese zugegeben recht makabere Variante ausarten.

Bei Katrin zeigt sich der Wandel durch eine zunehmende Düsterkeit an. Sie wolle ja leben, aber sie wisse nicht recht wofür. Wo doch alles so hoffnungslos sei. Ulrike fühlt sich zunehmend in der Pflicht. Um Katrin nicht ganz versacken zu lassen, bindet sie sie mehr und mehr in ihr Familienleben mit ein, obwohl ihr Mann und die beiden Kinder keinen rechten Draht zu ihr finden. Ulrike versucht zu vermitteln, bittet die anderen um Verständnis, spürt aber gleichzeitig, wie ihr die Belastung über den Kopf wächst. Wie soll sie ihren Schützling aufheitern, wo sie kaum selbst noch weiß, was Heiterkeit ist? Wenn sie morgens das Telefon klingeln hört und Katrins Nummer auf dem Display erscheint, würde sie den Hörer am liebsten nicht abnehmen. Ihr Mann hat schon Recht: Die Frau kostet sie den letzten Nerv. Wer mit ihr zu tun hat, wird am Ende selbst noch depressiv. Irgendwie muss sie Katrin loswerden. So kann es jedenfalls nicht weitergehen.

Dies sind die Gedanken, die Ulrike durch den Kopf gehen, als sie wieder einmal auf dem Weg in Katrins Wohnung ist. Sie haben sich zum Kaffeetrinken verabredet. Um Punkt drei Uhr würde sie auf der

Matte stehen, so hat sie versprochen. Und um zwei hat Katrin nochmal angerufen, um sicherzugehen, dass sie auch wirklich kommt. Als Ulrike aber vor der Tür steht und klingelt, macht keiner auf. Sonderbar ... Noch während sie überlegt, wo ihre Freundin sein könnte, öffnet sich die Wohnungstür der Nachbarin. Die alte Frau schaut auf den Flur: »Ach, Sie sind's.«

»Wissen Sie, wo Frau Berger ist?«

»Nein, ich habe keine Ahnung. Sie wollte heute um zwölf zum Mittagessen kommen. Und dann ist sie nicht erschienen. Ist gar nicht ihre Art. Ich habe schon geklingelt, aber sie macht nicht auf. Dabei muss sie zu Hause sein. Erst vor einer Stunde habe ich sie gehört. Da hat sie noch im Bad hantiert. Wissen Sie, das Haus ist ziemlich hellhörig ...«

Wie Ulrike die alte Frau so reden hört, wird sie auf einmal misstrauisch. Katrin wird doch nicht ...?! Sie drückt noch einmal auf die Klingel. Lange. Doch nichts rührt sich.

»Haben Sie einen Schlüssel zu der Wohnung?«, erkundigt sie sich.

»Ich nicht, aber der Hausmeister müsste einen haben. Warum?«

Ohne zu antworten stürmt Ulrike zum Aufzug. Unendlich lange braucht er bis ins Erdgeschoss. Sie klingelt beim Hausmeister, berichtet von ihrer Vermutung. Der zögert, will nicht recht, kommt dann doch mit, schließt umständlich auf. Ulrike drängt sich an ihm vorbei, stürzt ins Schlafzimmer. Da liegt Katrin. Sie sieht so wunderbar friedlich aus. Einen kleinen Moment lang hält Ulrike inne, dann stürmt sie zum Telefon. 112. Bis der Notarzt kommt, hat sie das leere Schlaftablettenröhrchen gefunden.

Ulrikes rasche Reaktion rettet Katrin das Leben. Von da an nennt diese sie nur noch ihren Engel. Fast täglich besucht Ulrike sie in der Psychiatrie. Als sie nach sechs Wochen entlassen wird, scheint die Welt zunächst wieder in Ordnung. Doch schon bald versinkt Katrin erneut in ihrer alten Schwermut.

Es folgen drei weitere Selbstmorddrohungen: Einmal ruft Katrin an und seufzt »Ich mache jetzt Schluss« in den Hörer. Als Ulrike herbeieilt, ist sie gerade dabei, auf die Brüstung ihres Balkons im zwölften Stock zu klettern. Die Wohnungstür hat sie wohlweislich offen gelassen, damit ihre Retterin auch herein kann. Ein andermal schickt sie ihrer Freundin per Fax einen Abschiedsbrief ins Haus. Ulrike findet sie mit dem Küchenmesser in der Hand am Esstisch sitzend. Dann lässt Katrin ihre Wohnung mit einem Fehlerstromschutzschalter gegen Stromunfälle absichern. Als Ulrike sich nach dem Grund erkundigt, erklärt sie: »Als ich neulich in der Badewanne saß, musste ich dauernd den Föhn anstarren. Es hätte nicht viel gefehlt, und ich hätte ihn zu mir ins Wasser geholt.« Einen Augenblick lang schweigt sie. Dann fährt sie fort: »Du musst mich vor mir selbst schützen. Du musst mich bei dir aufnehmen. Ich kann nicht allein bleiben.«

Ulrike nimmt sie beim Wort. Aber sie quartiert sie nicht bei sich zu Hause ein, sondern in der Psychiatrie. Liefert sie einfach ab und geht. Sie erkundigt sich nicht mehr nach ihr und geht nicht mehr ans Telefon, wenn sie ihre Nummer aufleuchten sieht.

Seit Katrins erstem Selbstmordversuch hat sie ein Bild verfolgt: Sie kann nicht vergessen, wie sie Katrin damals im Bett vorgefunden hat, kann ihren Gesichtsausdruck nicht aus dem Kopf bekommen. Sie sah so friedlich aus, so unendlich friedlich. Wie sie sich selbst nach diesem Frieden sehnte. Wie sehr sie sich diese Ruhe wünschte.

Und irgendwann hat Ulrike begriffen: Wenn ich nicht jeden Kontakt zu ihr abbreche, bin ich verloren. Jetzt endlich merkt sie, wie sehr die Frau an ihr gezehrt hat. So wie sie die ganze Zeit über Katrins Lebensengel gespielt hat, ist Katrin ihr Todesengel gewesen.

## Ein Fall für Spezialisten

Genügt in anderen Fällen oft schon die Enttarnung, um den Vampir zu entmachten, hat es das Opfer bei dieser Strategie ungemein schwerer. Mit seiner Selbstmorddrohung erlegt ihm der Energiesauger eine schwere Bürde auf. Wer will schon die Schuld am Tod eines anderen Menschen tragen? Es mag hilfreich sein, sich immer wieder vor Augen zu führen, dass jeder für sein eigenes Leben verantwortlich ist – auch der Sauger. Will er es wegwerfen, ist das bitter, aber es ist letztlich seine Entscheidung. Meistens aber kommt es nicht so weit.

Wer sich wirklich aus dem Leben schleichen will, achtet in der Regel sorgsam darauf, keine Hinweise auf sein Vorhaben nach außen dringen zu lassen; er will schließlich, dass sein Plan gelingt und ihm niemand die Ausführung verwehrt. Der Energiesauger aber redet. Er ist eben nicht von einer tiefen Sehnsucht nach dem Tod getrieben, sondern verzehrt sich nach der Lebendigkeit, die er in den Adern anderer pulsieren spürt. Und so ist es in seinem Fall von der Idee bis zur Ausführung ein weiter Weg, den er sorgsam mit Androhungen, Warnhinweisen und Hilfeschreien pflastert, die allesamt nur eines zum Ziel haben: die Aufmerksamkeit des Opfers zu binden. Denn wo die Aufmerksamkeit hinfließt, da fließt auch Energie hin.

Und trotzdem können wir uns nicht darauf verlassen, dass es bei Androhungen und Versuchen bleibt. Eine kaum tragbare Situation, in der wir für jede Form der Manipulation offen sind, müssen wir doch ständig alles im Licht der einen entscheidenden Frage betrachten: Tut er/sie es oder tut er/sie es nicht? Damit sind wir gezwungen, jede noch so kleine Hilfeleistung, die er/sie uns abverlangt, gegen die Möglichkeit seines/ihres Todes abzuwägen.

Die einzige Chance, uns aus der Umklammerung eines Vampirs zu befreien, der mit dieser Strategie unsere Zuwendung zu erpressen versucht, ist, die uns von ihm aufgebürdete Verantwortung an andere, an professionelle Institutionen abzugeben. Psychiatrische Kliniken sind nicht nur dazu ausgelegt, sich um suizidgefährdete Menschen zu kümmern, sondern auch dazu verpflichtet, sie aufzunehmen.

Allein helfen zu wollen ist nicht nur aussichtslos, wir bringen uns damit auch selbst in ernste Gefahr. Reichen wir dem Vampir jetzt die Hand, können wir uns in der Schneiderei gleich ein schwarzes Cape mitbestellen.

## Sätze, die Sie hellhörig machen sollten

- Ich kann ohne dich nicht leben.
- Wenn du (nicht) ... machst, bringe ich mich um.
- Ohne dich ist es aus.
- Tu mir das nicht an! Sonst mach ich Schluss.

# Die vier Schauplätze

»Weder in London noch in Paris war von Vampiren die Rede. Ich gestehe, dass es in diesen beiden Städten Börsenspekulanten, Händler, Geschäftsleute gibt, die eine Menge Blut aus dem Volk heraussaugen, aber diese Herren sind überhaupt nicht tot, allerdings ziemlich angefault. Diese wahren Sauger wohnen nicht auf Friedhöfen, sondern in wesentlich angenehmeren Palästen.«

FRANÇOIS VOLTAIRE, VAMPIRE
(BEITRAG ZUM DICTIONNAIRE PHILOSOPHIQUE VON 1785)

Energiesauger lauern überall, wo Menschen sich begegnen. Einmal ruiniert uns eine alte Lady beim Zurückstoßen in die Parklücke vorne den Kotflügel, während wir hinten gerade unter tatkräftiger Mithilfe unserer beiden Kleinkinder den Wocheneinkauf in den Kofferraum laden – ein Häschen, wie sich herausstellt, denn sie weiß gar nicht, was sie jetzt machen soll. Ein andermal lädt uns eine uns völlig unbekannte Sportskollegin mit durchtrainiertem Straffleib im Fitness-Studio zu einer Runde Spinning ein – nur um uns später im Umkleideraum nach Beste-Freundin-Manier lauthals ob unserer Konditionslücken zu verspotten. Und dann quillt beim Transatlantikflug auch noch ein fülliger Schnorrer über die Armlehne zu uns herüber und keilt uns für Stunden so in unseren Fensterplatz ein, dass wir kaum Luft zum Atmen haben.

Mögen solche flüchtigen Begegnungen auch noch so lästig und nervtötend sein, auf Dauer können sie uns nur wenig anhaben. Selbst wenn es uns nicht gelingen sollte, uns klar abzugrenzen und unsere Kraftreserven vor solchen Saugattacken zu schützen, haben wir Zufallsbekanntschaften relativ bald wieder vom Hals. Und die Schäden halten sich in Grenzen: Der Kotflügel lässt sich ausbeulen, die Blamage verschmerzen, der Flug überstehen. Und kaum ist die Sache erledigt, findet sie allenfalls noch in unserem persönlichen Anekdotenschatz unter der Rubrik »Stell dir vor, was mir passiert ist« einen Platz.

Bei solchen Gelegenheitsattacken dockt der Vampir kurz an, kann aber mangels größerer Berührungsflächen nicht haften bleiben. Wenn alles glatt läuft, driften unsere Lebenswege automatisch und ohne unser Dazutun nach einer kurzen Parallelstrecke wieder auseinander, und schon sind wir den Sauger wieder los. Es sei denn, wir würden es aktiv verhindern, etwa indem wir uns von dem fülligen Sitznachbarn im Flugzeug unsere Telefonnummer abschwatzen lassen. Aber wer würde schon so masochistisch sein?

Je mehr Anknüpfungspunkte wir einem Energiesauger geben, je mehr Zeit und Aufmerksamkeit wir ihm widmen, desto tiefer kann er sein Beißwerkzeug in unser Fleisch versenken, und desto schwerer ist er wieder loszuwerden. Ihre eigentlichen, wirklich ernst zu nehmenden Angriffe starten Dracula und seine mal männlichen, mal weiblichen Pendants daher nicht zwischen Tür und Angel. Sie suchen unsere Nähe, wollen uns halten und uns an sich binden – und so weben sie uns vor dem Zubeißen in ein dichtes Netz aus Abhängigkeiten, Zugeständnissen und Verpflichtungen ein. Erst dann können sie uns richtig schröpfen.

Wenn wir nach den wahren Schauplätzen vampiristischer Übergriffe Ausschau halten, sollten wir also nicht in der Ferne suchen. Richten wir unser Augenmerk lieber auf die Energiesauger in unserem unmittelbaren Umfeld. Ob in Liebesbeziehungen, in der Familie, im Kollegenkreis oder der Nachbarschaft, je enger der Austausch und je unvermeidlicher der Kontakt, desto leichter das Spiel für die Sauger, wobei die Übergänge zwischen den Jagdrevieren oftmals fließend sind. So wird ein vampiristisch veranlagter Liebhaber auch in seinem Kollegenkreis wildern, und ein Jugendlicher, der seine Mutter anzapft, saugt auch an anderen Hälsen.

Die nachfolgenden Hinweise und Regeln wider den Vampirismus haben also durchaus »grenzübergreifende« Bedeutung. Wir brauchen uns nur vor Augen zu führen, wie viel es (von der Höhe des Taschengeldes über die Schlafenszeit bis hin zur Erfüllung oder Nichterfüllung von tausenderlei Wünschen) zwischen Mutter und Kind auszuhandeln gilt, um zu wissen: Da geht es knallhart zu wie im Geschäftsleben. Umgekehrt verhält sich mancher Sauger, dem wir am Arbeitsplatz begegnen, wie ein Dreijähriger in der Trotzphase, sodass sich ein Lese-Abstecher auf dieses vampiristische Terrain auch dann lohnt, wenn Sie keine Kinder haben.

Sehen Sie sich auf allen Schauplätzen um! Sie wissen nie, wo Ihnen Ihr persönlicher Vampir entgegentritt. Nur eines ist gewiss: Er weilt nicht in fernen slawischen Gefilden. Er ist hier. Neben Ihnen. Packen Sie es an!

# Partnerschaft

Auf ihrer Suche nach Nähe setzen sich energiesaugende Schatten-gestalten gern auf den Platz neben uns, noch lieber drängen sie sich bei jeder Gelegenheit auf Tuchfühlung an uns heran, am liebsten aber kriechen sie mit zu uns ins Bett. Gelingt es einem, unsere Verteidigungsanlagen zu erobern und in unsere Intimsphäre vorzudringen, wird aus dem sinnlichen Verschmelzungsakt ein vampiristisches Andockmanöver – eine Art Super-GAU des Liebeslebens, das uns doch eigentlich jede Menge Kraft spenden und nicht blutleer schröpfen sollte.

Wie herrlich sich von weiblichen Kraftreserven leben lässt, soll schon der legendäre König David gewusst haben. Als alternder Mann hat er sich der Überlieferung zufolge jede Nacht »frisches Blut« ins Bett geholt. Und während der Monarch am nächsten Morgen verjüngt den Laken entstieg, sahen die armen Mädchen zehn Jahre älter aus. Vampire hat es offenbar nicht nur in den Karpaten gegeben.

Doch schauen wir nicht auf Könige und Grafen, befassen wir uns nicht mit den furchteinflößenden Attacken einiger weniger prominenter Gruselfiguren. Der Mann an unserer Seite ist sehr wahrscheinlich kein Verwandter Draculas, der sich klammheimlich an uns herangepirscht hat und uns jetzt an den Hals will. Gehen wir einmal davon aus, dass er uns liebt und, wenn es darauf ankäme, sein letztes Hemd für uns hergeben würde. Und doch ...

... ein bisschen saugen wird auch er. Oft ohne es zu wollen und ohne es zu merken. In den meisten Beziehungen vollzieht sich der Energieraub auf so unspektakuläre Weise, dass kaum einer an Vampirismus denken würde.

Wenn Sie je in einer festen Beziehung gelebt haben, kennen Sie bestimmt die folgende Situation: Es ist ein wunderbarer Tag. Angesichts des herrlichen Wetters gönnen Sie sich eine Shoppingtour, er-

gattern ein absolut geniales Kleidungsstück, schlürfen noch genüsslich einen Cappuccino und machen sich dann rundum zufrieden auf
den Heimweg. Es könnte Ihnen nicht besser gehen. Zu Hause empfängt Sie Ihr Angebeteter. Überschwänglich begrüßen sie ihn. Doch
er steht stocksteif da. Wie ein Besenstiel. Sie stutzen. »Stimmt was
nicht?«, fragen Sie. »Nee«, murmelt er. »Was sollte schon sein?« Sie
spüren eine leichte Irritation, doch Sie zucken die Achseln. Noch
ganz beseelt von Ihrem gelungenen Tag widerstehen Sie der Versuchung nachzuhaken. Und Sie reden drauf los – wie schön es gewesen sei, und ob er sehen will, was Sie gekauft haben, es würde ihm
bestimmt gefallen ... Von ihm kommt höchstens ein »Hmm«. Sonst
nichts. Muffmiene. Pflänzchen-rühr-mich-nicht-an-Haltung.

Sie registrieren schleichenden Druckabfall in ihrem eben noch
prallen Stimmungsballon. Instinktiv suchen Sie das Weite. Erst mal
ins Schlafzimmer, die Einkäufe auspacken. Während Sie die Hände
über den Stoff des neuen Teils gleiten lassen, kehrt die gute Laune
schnell zurück. Sie ziehen es an. Jetzt noch ein Kompliment von Ihrem Mann – das wäre die Krönung.

Er hockt vor dem Fernseher. Schaut kurz auf. »Was ist?« Merkt
nicht, dass Sie etwas Neues anhaben. Ist zu sehr mit sich selbst beschäftigt. Sie stehen da wie bestellt und nicht abgeholt. Fühlen sich
kalt abgeduscht. Sie schlucken, sagen nichts, gehen zurück ins
Schlafzimmer, ziehen das Teil aus, lassen es aufs Bett fallen. Freud-
los. Enttäuscht. Und auf einmal sind Sie unendlich müde.

## Wenn der Mann zum Sauger wird

Szenen wie diese spielen sich in jeder Paarbeziehung ab. Nicht etwa,
weil der Mann ein bösartiges Ungeheuer wäre, das es nur darauf abgesehen hat, uns armen Frauen den letzten Tropfen Lebenssaft aus
den Adern zu pressen. Er kann nicht anders. Um zum Energiesau-

ger zu werden, braucht er nur müde, frustriert oder gestresst zu sein. Eine intime Beziehung zu einem Mann einzugehen heißt auch, sich auf energetischer Ebene mit ihm einzulassen, und über die unsichtbaren Kanäle, die da entstehen, fließen nicht nur zarte Liebesgefühle. Sackt sein Kraftpotenzial ab, kann er sich – mit dem stillen Einverständnis seiner Partnerin – ohne lang zu fragen an ihren Vorräten bedienen. Rein theoretisch könnten auch wir Frauen in Energiemangelphasen aus den Reserven unseres Mannes schöpfen, doch der weiß sich meist besser vor energetischen Übergriffen zu schützen als wir:

Wenn uns die Grippe erwischt und wir uns mit Wärmflasche und Wolldecke auf dem Sofa einkuscheln wollen, sieht er das gar nicht gern. »Geh doch lieber ins Bett, da hast du mehr Ruhe«, rät er uns und verbannt uns ins einsame Schlafzimmer-Exil. Gern bringt er uns einen Tee dorthin, stellt das Tablett auf dem Nachtkästchen ab und verschwindet. Schließlich will er uns nicht stören.

Auch wenn wir schlecht gelaunt sind, entzieht er sich gern. Dann verkriecht er sich in seine Höhle (die Garage, den Bastelkeller ...) oder strampelt mit dem Mountainbike auf und davon. Oder er macht einfach dicht. Schaltet auf Durchzug, wenn wir mit ihm reden, verschanzt sich innerlich hinter einer hohen Mauer. Und so kommen wir weder an ihn noch an seine Kraftreserven heran.

Ist er hingegen selbst krank, ausgepowert oder missmutig (sprich: kraftlos), tritt sofort unser weiblicher Helferinstinkt auf den Plan. Statt uns aus dem Staub zu machen und unsere energetische Hauptschlagader in Sicherheit zu bringen, gehen wir auf den Sauger zu. »Hast du was?«, wollen wir wissen. »Nein«, antwortet er. »Aber irgendwas stimmt doch nicht mit dir«, bohren wir nach. Wir spüren seine Bedürftigkeit. Und das Harmoniebedürfnis, das uns Frauen genetisch verordnet zu sein scheint, fordert den Ausgleich der Energiepegelstände. So leisten wir unserem Liebsten in seinem Leid Gesellschaft, erkundigen uns nach seinem Befinden, kümmern uns um ihn, sitzen an seinem Bett – und halten ihm das energetische Äquivalent der nährenden Brust zum Nuckeln hin.

Aber nicht nur in Hochphasen, in denen wir Kraft genug zum Verschenken haben, spielen wir die barmherzige Spenderin. Frauen neigen dazu, gute Miene zum bösen Spiel zu machen. So lächeln wir oft tapfer weiter, wenn uns das Lachen längst vergangen ist – wenn wir mit den Kräften am Ende sind, wir uns ohnehin schon überfordert fühlen und die Wellen des Alltags über uns zusammenzuschlagen drohen. Auf diese Weise aber vermitteln wir die Botschaft: Wer so gut drauf ist, hat noch was zu geben! Während der Mann schon beim leisesten Verdacht auf Energieentzug blockt, lassen wir uns auch dann noch plündern, wenn unser Kraftpegel längst in den roten Bereich abgesunken ist.

## Die gesunde Distanz

Dass der Kerl neben uns vampiristische Neigungen haben könnte, erscheint uns absolut unmöglich, solange wir im siebten Himmel schweben. Während wir verliebt sind, funktioniert das Zusammenspiel von männlicher und weiblicher Kraft perfekt, und es werden ungeahnte Synergien erzeugt. Der Hormonrausch lässt uns nicht nur alles durch die rosarote Brille betrachten, er sorgt auch dafür, dass wir uns gegenseitig regelrecht aufputschen. In solchen Phasen reicht es, an den Mann unserer Träume nur zu denken, um auf Hochtouren zu laufen. Durchwachte Nächte? Kein Problem! An seiner Seite überstehen wir glänzend, was uns sonst auf dem Zahnfleisch daherkriechen lässt. Und so verwundert es nicht, wenn wir ständig Körperkontakt suchen, fließt der elektrisierende Strom doch in der kleinsten Berührung. Wir spazieren eng umschlungen, sitzen händchenhaltend im Kino, schlafen in Löffelchenstellung auf dem 90-Zentimeter-Bett. Hauptsache Haut an

Haut. Je größer die Fläche, desto besser funktioniert der osmotische Austausch.

Irgendwann aber klingt die Euphorie ab, und wir wachen aus unserer Trance auf. Erstaunt stellen wir fest, dass es neben der Zweisamkeit noch etwas anderes gibt. Und mit der Lockerung des Banns nabeln wir uns energetisch ab – wenn alles gut geht. Denn die Versuchung ist groß, einmal eingeschliffene Verliebtheitsmuster beizubehalten. Nur allzu leicht könnten Verhaltensänderungen als Liebesentzug missdeutet werden (»Früher, da hast du dich immer beim Fernsehen zu mir aufs Sofa gesetzt!«). Auf Dauer aber kann die symbiotische Verschmelzung leicht zum energetischen Aderlass werden. Zum einen kann sich unser Kraftfeld – unsere Aura – nicht regenerieren, wenn es ständig von dem eines anderen Menschen überlagert wird. Zum anderen brauchen wir eine gewisse Distanz, um uns vor den unbewussten Saugattacken unseres Partners zu schützen.

Es ist wie mit dem Efeu. Am Anfang, wenn er noch zart ist und anmutig den Birkenstamm umrankt, sieht er noch ganz hübsch aus. Wenn er aber größer wird, könnte er sich leicht zur Würgepflanze entwickeln, die dem Baum die Luft zum Atmen nimmt und ihm den Saft gnadenlos aus den Poren zieht.

Lassen wir es nicht so weit kommen! Treten wir rechtzeitig einen Schritt zurück. Mit etwas Abstand merken wir eher, wenn der Angebetete anfängt, auf unseren Hals zu schielen. Klar, dass der Mann unseres Herzens der Größte für uns ist. Aber heben wir ihn nicht aufs James-Bond-Podest! Er könnte an der Rolle gefallen finden, auch an der »licence to kill« ...

## Unterschiedliche Schwellenwerte

Eine Liebesbeziehung mit dem Alltag in Einklang zu bringen ist beinahe so unmöglich wie die berühmte Quadratur des Kreises. Und doch müssen wir es versuchen, wenn wir zusammenleben wollen. Wer trägt den Abfall runter? Wer kocht? Wer schrubbt die Badewanne? Wer das Klo? Nirgends fühlen wir uns so schnell ausgebeutet wie zwischen Kochlöffeln und Scheuerlappen. Beim Geschirrabwaschen packt uns die blanke Wut, hat er doch wieder den Spaghettitopf mitsamt den Nudelresten eingeweicht! Und dann auch noch den vollen Kaffeefilter mitten in die Brühe gestellt. Mit größtem Widerwillen gehen wir ans Werk, haben das Gefühl (wieder mal), für einen anderen den Dreck wegmachen zu müssen. Jeder Handgriff wird zum Kraftakt. Weil wir ihn nicht machen wollen. Weil es ungerecht ist! Warum ausgerechnet wir?! Die zwanzig Minuten, die wir zum Spülen brauchen, fühlen sich wie zwanzig Stunden an. Und nachher fühlen wir uns wie ausgelaugt.

Dass sich Frauen auch heute noch im Haushalt vampirieren lassen, liegt an der unterschiedlichen Schmutzschwelle, also der Grenze von Dreck oder Unordnung, ab der wir den Eindruck haben: Es müsste mal wieder was gemacht werden. Meine zum Beispiel ist niedrig, die meines Mannes hoch. Wenn ich sage: »Hier sieht es aus wie Sau!«, fragt er: »Warum?« Nicht, dass er zum Augenarzt müsste. Er sieht die Wollmäuse auf dem Parkett und die Fettschlieren auf dem Küchenbord genauso deutlich wie ich. Aber sein Gehirn setzt die optischen Signale noch nicht in Handlungsimpulse um.

Natürlich wäre es besser, der Kerl würde von sich aus Lappen und Besen schwingen. Aber wenn wir Frauen bei stark unterschiedlichen Schwellenwerten keine klaren Absprachen treffen und nicht genau sagen, wie das Ergebnis denn aussehen soll (»Gewischt, nicht geschmiert!«), lassen wir uns jedes Mal die Zapfkanüle anlegen. Sollte er das nächste Mal den angebrannten Topf stehen lassen, zeigen Sie ihm den Pfahl (etwa indem Sie ihm klipp und klar sagen, dass Sie solche Junggesellen-WG-Sitten nicht leiden können). Wenn er es nochmal tut, dann rammen Sie ihm den Pfahl ins Herz (beispielsweise indem Sie auf seine Rechnung eine Haushaltshilfe engagieren).

## Das Team oder »Ich kann nicht ohne dich«

In manchen Beziehungen kommen Situationen wie die eben geschilderte nicht vor. Frau A und Herr B sind das perfekte Team. Sie haben ihre Verantwortlichkeiten genau geregelt, ganz nach klassischem Vorbild. Er ist für alles Technische zuständig, fährt (auch mit ihrem Auto) zum TÜV und zum Tanken, repariert die Waschmaschine, putzt die Fenster (Leiter = Rubrik Technik), saugt Staub und konfiguriert den PC (auch ihren). Sie organisiert im Gegenzug den Haushalt, näht die Knöpfe an und putzt die Schuhe. Damit hat jeder der beiden seine Aufgaben, die er aus dem FF beherrscht.

Das Geben und Nehmen ist also ausgeglichen, die Vampirgefahr gebannt. Oder etwa doch nicht? Von den Dingen, die ihr Mann erledigt, hat Frau A keine Ahnung. Sie ist zwar die perfekte Köchin, weiß aber weder, wo die Tanköffnung an ihrem Auto ist, noch ob es Super oder Normal benötigt. Mit anderen Worten: Sie ist abhängig. Und Abhängigkeit heißt Duldungsstarre.

Was, wenn Frau A dereinst feststellen sollte, dass er doch nicht der Ritter auf dem edlen Schimmel ist, den sie einmal in ihm sah? Wenn sie eines Nachts aufwacht und erkennt: Der Mann, der da scheinbar friedlich an ihrer Seite schnurchelt, raubt ihr nicht nur den letzten Nerv, sondern auch das letzte Quäntchen Lebenssaft. Um sich von ihm zu lösen, müsste sie sich nicht nur zu der üblichen Trennungsprozedur durchringen – sie müsste sich auch dazu entschließen, ihren Servicetechniker vor die Tür zu setzen. Und bevor sie das tut, lässt sie sich lieber aussaugen. Bestimmt. Denn was wäre sie ohne ihn – ihren Dracula?!

Übrigens: In Volkshochschulkursen lässt sich jede erdenkliche Form von technischem Basiswissen erlernen. Frau kann ja nie wissen ...

# Ach, wärest du nur blond ...

Wenn wir einen Mann für uns gewinnen wollen, präsentieren wir uns gern von unserer besten Seite. Wir erscheinen nicht nur sorgfältig gestylt zum Date, sondern setzen auch sonst alles daran, einen guten Eindruck zu machen. Ob das Auto zusammenbricht, wir im Restaurant hundsmiserabel bedient werden oder uns andere Unbill widerfährt – sobald er dabei ist, ertragen wir mit scheinbarer Engelsgeduld, was uns innerlich zur Weißglut bringt. (Oder würden Sie in einer solchen Situation etwa die wüsten Flüche von sich geben, die Ihnen auf der Zunge liegen?)

Auch wenn der Angebetete selbst uns einmal schräg kommt, zeigen wir gelegentlich erstaunlichen Langmut. Wir stutzen zwar, folgen dann aber doch meist brav seinen Wünschen. Er braucht nur zu sagen »Ich weiß nicht, aber mit hochgestecktem Haar gefällst du mir irgendwie besser«, und schon streichen wir uns erschrocken die Mähne aus dem Gesicht, zwirbeln sie nervös im Nacken zusammen und ärgern uns, dass wir keine Spange dabeihaben. Zu Hause stürzen wir sofort vor den Spiegel: Haare offen, Haare zusammen – ob er etwa Recht hat? Und danach trauen wir uns allenfalls noch mit Pferdeschwanz auf die Straße. Mit gänzlich ungebändigtem Haar kommen wir uns plötzlich so komisch vor.

Einmal ist es das Haar, ein andermal die Rocklänge oder die Absatzhöhe, der Klang unseres Lachens oder die Art, wie wir das Fischmesser halten. Wir verdrehen uns – hier ein kleines bisschen und dort ein wenig mehr –, manchmal ein ganzes Beziehungsleben lang. Und merken nicht, dass seine versteckte Botschaft lautet: »Lös den obersten Knopf am Kragen. Neig den Kopf ein wenig zurück. Noch ein Stückchen. Und noch eins ...« Bis der Hals perfekt drapiert ist und er ungehindert zubeißen kann.

Wenn er glaubt, sich so einfach an Ihrem Lebenssaft laben zu können, dann ziehen Sie ihm den Zahn beizeiten! Ihm zu gefallen ist gut und schön. Ihm ab und zu den Liebesdienst zu erweisen, sich nach seinen Wünschen zurechtzuföhnen, auch. Aber in erster Linie müssen Sie sich selbst gefallen. Mit aufrechtem Haupt lassen sich Saugattacken wesentlich besser parieren!

## Manager-Vampirismus

Das mit dem Parieren scheint besonders wichtig im Umgang mit jener Art von Mann, für den der Job über alles geht. Unter einem Achtzehnstundentag macht er es nicht. Und wozu das Ganze? Na, für die Frau! Sie will es doch gut haben, oder etwa nicht? Nur: Woher nimmt er bloß die ganze Power, um sein Pensum durchzuhalten? Forscher in den USA haben jüngst bei einer Langzeitstudie festgestellt, dass Single-Männer aus Stress-Berufen wesentlich häufiger den vorzeitigen Herztod sterben als fest Gebundene. Sie raten Vielbeschäftigten, eine angeknackste Ehe allein aus Gesundheitsgründen lieber zu kitten als zerbrechen zu lassen. Warum wohl? Damit er besser saugen kann!

Wenn Sie mit einem solchen Exemplar zusammenleben, müssen Sie sich entscheiden: entweder stillhalten und bluten oder doch lieber mit ihm über ein ausgewogeneres Verhältnis von Freizeit und Arbeit verhandeln. Nur wenn er Raum zur natürlichen Regeneration hat, braucht er sich nicht an Ihren Kraftreserven zu vergreifen.

## Liebesgrüße aus Transsilvanien

Nachdem wir uns bislang eher den Gelegenheits-Saugern an Tisch und Bett gewidmet haben, ist es nun an der Zeit, uns den wahren Schattengestalten zuzuwenden. Ob in der Literatur oder im Film, in welcher Form auch immer uns das Vampirthema begegnet, stets hat es etwas zutiefst Erotisches. Allein die Vorstellung der feucht-kühlen Lippen, die gierig suchend über zarte Halshaut gleiten, lässt uns wohlig erschaudern. Und so verwundert es nicht, dass der Mann mit vampiristischen Neigungen gelegentlich eine nahezu magische Anziehungskraft auf uns Frauen ausübt, auch wenn bei wachem Verstand alle Alarmglocken schrillen und uns vor einer Beziehung mit einem solchen Typ warnen müssten.

Was ihn so interessant macht, ist zum einen die Aura des Mysteriösen, die von ihm ausgeht – schließlich hat er ein sorgsam gehütetes Geheimnis (nämlich, dass er saugen will). Und zum anderen spüren wir, dass er leidenschaftlicher und vor allem tiefer in unsere Seele eindringen will als jeder andere (na klar, irgendwo muss er ja andocken). Endlich einer, der mich als Frau wahrnimmt, denken wir. Aber in Wirklichkeit nimmt er uns nur als eines wahr: als Beute. Und als solche hält er uns in seinen Fängen.

Eifersüchtig wacht er darüber, dass nur ja kein anderer an uns herankommt. Im Bett lockt er die geheimsten Sehnsüchte und Wünsche aus uns heraus. Wir verraten ihm Dinge, die wir noch nie auszusprechen wagten und sind zu Experimenten bereit, von denen wir uns nicht einmal zu träumen getrauten. Schritt für Schritt treibt er uns voran, über alle Grenzen hinweg.

Anfangs blühen wir vielleicht auf. Endlich können wir unsere Sexualität voll ausleben und ungeahnte Gipfel der Lust erklimmen. Und schon hat er uns am Haken. Wollten wir uns von ihm lösen, müssten wir auf all das wieder verzichten. Auf diesen Augenblick hat der Vampir gewartet: Jetzt, wo wir süchtig sind, fängt er an, sich rar zu machen. Und wir spüren den Entzug. All unsere Gedanken sind nur auf ihn gerichtet. Um ihn nicht zu verlieren, sind wir zu allem bereit. Die Dressur ist gelungen. Wenn der Meister ruft, sind wir zur Stelle.

Also Achtung bei (Vampir-)Männern der Superlative! Einen Dracula zähmt frau nicht. Sich mit ihm einzulassen ist ein Spiel mit dem Feuer. Die Flämmchen aber tanzen nach seiner Pfeife. Genießen Sie den Sex mit ihm, das Fledermausgeflatter im Bauch. Aber machen Sie sich um Himmels willen nicht vor, dass es auch für ihn die große Liebe sei. Er sucht nicht Nähe und Zärtlichkeit, sondern den energetischen Kick, und den kriegt er nur, solange der Reiz des Neuen währt. Irgendwann stumpft die Begierde ab. Dann blähen sich seine Nüstern, denn er nimmt Witterung auf. Witterung nach frischem Blut.

## Der Säugling im Mann

Die starke erotische Anziehungskraft des Dracula-Typs steht im krassen Gegensatz zu seiner mangelnden Fähigkeit, aus eigener Kraft zu leben, ist er doch als Untoter stets auf die Vitalitätszufuhr von außen angewiesen. Der eine holt sie sich im Bett, der andere geht woanders auf Fang. Erinnern Sie sich noch an die ewigen Kleinkinder aus Kapitel 1, »Vom Säugling zum Sauger« (siehe Seite 17ff.)? An jene Nie-ganz-Abgenabelten, die es nicht verwinden können, ein Erwachsenendasein ganz ohne Mamas Nuckelbrust zu fristen? Über kurz oder lang suchen sie sich eine Ersatzmutter, an der sie saugen können. So soll es vorkommen, dass manche Frauen das Gefühl haben, Tisch und Bett mit einem großen Kind zu teilen.

Besonders tückisch wird es, wenn sich das Riesenbaby mit der Säufer-Masche ins Herz seiner Versorgerin geschlichen hat. Unter ihren Fittichen würde er schon werden, dachte sie, als sie ihn kennen lernte. Doch sie irrte. Denn auf der Hatz nach energetischer Päppelung greift der Vampir nicht nur nach jeder Brust, sondern wenn's sein muss auch nach anderen Tröstern: Ob Rotwein, Kokain, Wasserpfeife oder Glücksspiel – alles, was den Kick verspricht, ist recht. Er sucht nach Energie und wird dabei süchtig nach anderen Drogen.

Es gelingt ihm nicht, energetisch auf eigene Füße zu kommen, ja, häufig versucht er es nicht einmal, weil er die Anstrengung scheut. Da er nichts auf die Reihe bringt, schickt er seine Frau voraus. Sie wird's schon richten. Und sie rennt los wie Draculas abgerichtete Wölfin. Auch wenn ihr die Zunge schon bis zum Boden hängt, wenn sie japst und keucht: Sie vertuscht emsig seine Schwächen, tilgt seine Schulden, holt ihn aus jeder Patsche heraus.

Es gehört schon eine gute Portion Masochismus dazu, sich vom eigenen Mann derart schröpfen zu lassen. Auf der Leinwand mag der Biss des Grafen hoch erotisch wirken, im echten Leben tut er schlichtweg weh. Ob mit Trauschein oder ohne: In der gemeinsamen Wohnung sitzt das Opfer im Käfig, und der Vampir versteht es so meisterlich, ihr mit Besserungsgelöbnissen die Sinne zu vernebeln (= Heiratsschwindler-Masche), dass sie nur schwer den Absprung schafft.

Geben wir uns keinen Illusionen hin. Solange die Frau bei ihm bleibt, wird er sich nicht ändern, da helfen auch keine Beteuerungen. Wer in einer Beziehung mit einem echten Sauger lebt und energetisch nicht bis zum letzten Tropfen ausbluten will, dem bleibt letztlich nur eine Chance: die radikale Trennung.

Vor diesem Schritt steht der Entschluss. Wenn Sie wirklich gehen wollen, können Sie gehen. Jederzeit. Es gibt immer einen logischen Grund, um zu bleiben. Hören Sie nicht auf logische Gründe. Sagen Sie sich: »Ja, mir reicht's!« und nicht: »Ja, aber er hat doch/ist doch/braucht doch ...!« Solange Sie ihn rechtfertigen, stehen Sie noch unter seinem Bann. Es geht um Sie, nicht um ihn. Er ist ein Wesen des Schattenreichs, Sie aber gehören zu den Lebenden. Zwei Welten, zwei Wege. Gehen Sie Ihren, und lassen Sie ihn den seinen gehen.

## Schließen Sie die Tür zur Gruft!

Und wenn es aus ist? Ob Dauer- oder Gelegenheits-Sauger, stellen wir uns vor, wir hätten uns gerade von dem Mann getrennt, für den einst unser Herzblut floss. Alles ist erstaunlich glatt gelaufen, ohne Anwaltsschreiben und Hasstiraden. Wir haben die Wohnung behalten, er ist ausgezogen. Seine Sachen hat er zwar noch nicht abgeholt, aber das eilt auch nicht, denn jetzt, wo wir nicht mehr zusammenleben, sind viele der alten Reibungspunkte weggefallen, und wir verstehen uns wieder ganz gut. Außerdem hat er noch seinen Schlüssel, und wenn er etwas braucht, kann er jederzeit kommen. Es war ja auch mal sein Zuhause. Wer wird denn schon so sein. Obwohl: Etwas nervig ist es schon, wenn er auf einmal unangemeldet im Wohnzimmer steht ...

Könnte es sein, dass da noch irgendwo ein unsichtbarer Katheter an unserer Halsschlagader hängt?

Eine tote Beziehung sollten wir entweder ganz sterben lassen oder neu beleben – beispielsweise indem wir sie in eine Freundschaft mit klaren Grenzen und eindeutiger Distanz umwandeln. Ein »untotes« Liebesverhältnis, bei dem die alte Intimität unterschwellig weiterbesteht, könnte nämlich leicht ins Vampiristische abgleiten. Bevor das geschieht, sollten wir dem Ex freundlich, aber bestimmt den Wohnungsschlüssel abnehmen. Gern darf er nach Vorankündigung auf einen Kaffee vorbeikommen. Lebenssaft soll er woanders trinken.

## Sieben goldene Regeln wider den Vampirismus in der Partnerschaft

1 Der Mann an Ihrer Seite ist erwachsen und kann energetisch ebenso wie in praktischen Dingen für sich selber sorgen. Geben Sie ihm die Chance, sich zu entfalten (und notfalls auch zu schei-

tern). Er wird ohne ihre Hilfe weder verhungern noch verdursten noch erfrieren. Lassen Sie es drauf ankommen! Erlassen Sie ihm nicht seine Hausmannpflichten, selbst wenn er sich noch so dumm anstellt. Wenn Sie ihn bemuttern, erziehen Sie ihn zum Vampir.

2. Achten Sie generell auf einen liebevollen Umgangston. Aber reden Sie Klartext, wenn Sie sich ausgenutzt fühlen und das Geben und Nehmen nicht stimmt. Schwelende Unzufriedenheit zieht Ihnen auf Dauer womöglich noch mehr Energie ab, als ein eventuelles Fehlverhalten Ihres Partners. Sollten Sie sich auf Dauer ausgebeutet fühlen, gehen Sie stufenweise auf Distanz. Und wenn gar nichts hilft, dann schauen Sie sich nach einem Mann mit weniger markanten Beißwerkzeugen um.

3. Sich Freiraum in der Beziehung zu schaffen heißt, eine energetische Schutzzone zu errichten. Erschließen Sie sich Lebensbereiche, in denen Sie sich völlig unabhängig von Ihrem Partner bewegen. Suchen Sie nicht erst nach Rückzugsmöglichkeiten, wenn Sie sich blutarm fühlen.

4. Wenn Ihr Partner im Stimmungstief hockt, ist er in Saugstellung. Widerstehen Sie der Versuchung, ihn aus seiner Gruft herauszulocken. Gehen Sie auf Abstand. Nehmen Sie ihn beim Wort, wenn er Fragen nach seiner Befindlichkeit abblockt. Sie werden ihm Ihre Energie doch nicht auch noch aufdrängen!

5. Sind Sie nach dem Sex völlig ausgepowert? Dann haben Sie mit Dracula geschlafen. Wenn er überreizt von der Arbeit kommt und im Bett Stress loswerden und Energie auftanken will, geht das auf Ihre Kosten. Warten Sie, bis er sich regeneriert hat und zu den Lebenden zurückgekehrt ist. Dann haben auch Sie etwas vom Sex.

6. Ist Ihr Partner krank, pflegen Sie ihn liebevoll. Aber achten Sie dabei auf Ihre Kraftreserven. Verlassen Sie den Platz an seiner Bettkante spätestens dann, wenn Sie erste Ermüdungszeichen

verspüren. Suchen Sie sich für die Nacht ein Ausweichquartier, bis Ihr Partner wieder gesund ist.

⑦ Schnarcht Ihr Mann? Zieht er damit all Ihre Aufmerksamkeit auf sich, sodass Sie kein Auge zutun können? Dann saugt er. Suchen Sie das Weite! (Zumindest für diese eine Nacht.) – Und wenn Sie an seiner Seite generell schlecht schlafen? Wenn Sie sich gern herumwälzen würden, ihn aber damit nicht stören wollen? Wenn Sie immer wieder schweißgebadet aufwachen und sich morgens wie gerädert fühlen? Dann hören Sie auf, über getrennte Schlafzimmer nachzudenken. Richten Sie sich sofort eines ein!

# Eltern-Kind-Beziehung

Rüdiger, der kleine Vampir aus Angela Sommer-Bodenburgs viel gelesener Kindergeschichte, ist echt süß. Er grüftelt zwar ein wenig, aber er ist wirklich nett, und man kann eine Menge Spaß mit ihm haben. Wie wir mit unseren Kindern – solange sie satt und zufrieden sind. Doch wann sind sie das schon?! Während wir noch schwanger sind, lesen wir in schlauen Büchern, dass ein Baby sechsmal am Tag genährt und gewickelt wird. Die übrige Zeit schläft es. Locker zu schaffen, denken wir. Und den Rest erledigt der Babysitter. Unsere Illusion währt genau so lange, bis wir den frisch geschlüpften Winzling zum ersten Mal schreien hören. In diesem Augenblick nämlich müssen wir erfahren, dass dieses Wesen ein Instrument besitzt, das jede noch so ausgefeilte Andockstrategie an Wirksamkeit weit überbietet: seine Stimme. Es braucht sie nur zu erheben, um Mama zum Springen und die Milch zum Fließen zu bringen.

Nun gibt es auch unter Babys solche und solche: Die einen sind nach dem Stillen wirklich still und gönnen ihrer Mama angemessene Regenerationszeiten (ungefähr ein Prozent), die anderen sind schlichtweg unstillbar (die übrigen neunundneunzig Prozent). Sie fordern ihrer frisch gebackenen Mutter einen Dauereinsatz ab, der schon bald jedes bisschen Rosa von ihren Wangen vertreibt. Entziehen kann sie sich kaum, verfügt das Baby doch über eine Art amtlichen Berechtigungsschein zum Vampirieren. Wir müssen ihm die Brust hinhalten. Schließlich hängt sein Leben davon ab.

Da aber die kleinen grauen Zellen in jungen Jahren besonders gut funktionieren, lernt das Baby rasch seine Lektion: Ich schreie, also rennt sie, und schon kann ich saugen. Das vergisst es nie. Mit der Zeit werden zwar die Ausdrucksformen differenzierter, aber das Grundprinzip bleibt: Was dem Säugling der Weinkrampf, ist dem Kind der Tobsuchtsanfall und dem Jugendlichen das Ausflippen, Schmollen oder Türenknallen. Ein klarer Fall von Erpressung. Aber Dracula junior ist noch nie zimperlich in der Wahl seiner Methoden gewesen.

Halten wir fest: Anfangs muss das Kind saugen. Es braucht Milch und Zuwendung zum Überleben. Hadern wir also nicht mit unserem Los, wenn wir wieder einmal wie so oft zu nachtschlafener Zeit an seine Wiege wanken. Sich aufzulehnen würde nur zusätzlich Energie kosten. Konzentrieren wir uns lieber auf das goldige Lachen und die drolligen Eskapaden des süßesten Babys der ganzen Welt. Das gibt uns die Kraft, den schleichenden Energieschwund zu überleben.

Mit zunehmendem Alter aber sollte unser Kind immer unabhängiger von Versorgung werden. Es kann selbst essen, sich allein anziehen, sich irgendwann sogar bei Freunden einen Großteil der benötigten Streicheleinheiten holen. Mit Mama schmust es immer seltener (das ist irgendwie peinlich), aber an ihr zu saugen ist soooo bequem, lebt es sich bei ihr doch wie im Schlaraffenland. Unter ihrem Dach fliegen einem die gebratenen Tauben geradewegs in den offenen Mund. Wer würde das freiwillig aufgeben und sich von seinem Nachschub abschneiden wollen?

Wenn wir Mütter nach Ablauf der legitimen, naturgegebenen Saugfrist nicht weiter zur Ader gelassen werden wollen, müssen wir unseren Kindern ihrem Alter entsprechend den Energiehahn Schritt für Schritt zudrehen. Du kannst auf eigenen Füßen laufen? Herrlich! Dann tu es bitte auch. Du kannst dir deine Schuhe anziehen? Wunderbar, ich helfe dir auch beim Schleifenbinden! *(Und das bring ich dir über kurz oder lang auch noch bei.)* Du kannst den Rucksack mit deinen Spielsachen selbst tragen? Perfekt! *(Das entlastet meinen geplagten Rücken.)* Du kannst dir mit dem Austragen des Wochenblättchens einen Teil deines Taschengelds selbst verdienen? Toll! *(Das entlastet mein Haushaltsbudget.)*

Anfangs kostet es jede Menge Geduld, einen kleinen Vampir unabhängig zu machen. In der Zeit, die wir brauchen, um ihm beizubringen, sein Kinderzimmer aufzuräumen, hätten wir ohne seine Mitwirkung mehrere hundert Male selbst Ordnung schaffen können – gründlicher und mit weniger Gezeter. Und so manches Küchen-Chaos müssen wir in Kauf nehmen, bis unser Spross gelernt hat, passable Spaghetti bolognese zu fabrizieren. Aber irgendwann wird es klappen. Mit jedem Handgriff, den der kleine Vampir lernt und dann im Alltag anwenden muss, weil wir ihn ihm nicht mehr abnehmen, bilden sich seine Saugzähne ein bisschen zurück. So wird er nach und nach zum Menschen (andernfalls zum ausgewachsenen Vampir). Wir, die Ausgesaugten, müssen die Versorgungsleitung kappen. Der Sauger wird es niemals tun.

## Vampire können nicht warten

... Kinder auch nicht. Wenn sie saugen wollen, dann jetzt. Sie haben kein Gefühl für die Zukunft. Morgen ist für sie ein vager Begriff. Sie meinen tatsächlich, Mutters Energie, Unterstützung, Hilfe oder Geld wie die Luft zum Atmen zu brauchen. Bekommen sie nicht gleich, was sie wollen, haben sie die Phantasie, ersticken zu müssen. Wenn es darauf ankommt, greifen sie sich theatralisch an die Gurgel, sinken in die Knie oder werfen sich gleich ganz zu Boden, wälzen sich hin und her und trommeln vor Verzweiflung mit den Fäusten. Es ist eine Sache auf Leben und Tod!

Und Sie stehen daneben und wissen nicht, was tun?! Nehmen Sie das arme Kind ernst! Rufen Sie Hilfe, schaffen Sie schnellstens eine Sauerstoffflasche herbei, halten Sie Händchen (wenn Ihnen danach ist). Aber lassen Sie sich nicht nötigen, den Hals (oder das Portemonnaie) hinzuhalten. Nur so begreift der kleine Vampir, dass er eine Überlebenschance hat, auch wenn seine Bedürfnisse nicht auf der Stelle erfüllt werden.

## In allen Farben und Formen

Vampire – auch die ganz kleinen – sind Meister der Verwandlung. Einmal treten sie uns in Menschengestalt entgegen, dann flattern sie uns als Fledermaus ins Zimmer oder hetzen als Wolf hinter uns her. Und ein andermal ziehen sie als Nebelschwaden herauf oder tanzen uns als glitzernde Fünkchen vor den Augen. Mit unfehlbarem Gespür wissen sie, wie sie sich am besten Zugang zu uns verschaffen. Ein winziges ungesichertes Fensterchen genügt ...

Mama ist traurig? Klein Rüdiger tröstet sie. Und nachdem er mit ihr gekuschelt und ihr die Tränen getrocknet hat, bittet er um eine außerturnusmäßige Taschengelderhöhung. – Mama ist noch im Halbschlaf? Klein Julia legt sich dazu und flüstert ihr Liebesschwüre ins Ohr. Und fragt dann, ob sie ausnahmsweise mitten in der Woche bei Lisa übernachten kann. – Mama hat Kopfschmerzen? Klein Manuel nölt, schreit, tobt und nervt so lange, bis er entgegen der Abmachung doch fernsehen darf. Nur dieses eine Mal, nur diesen einen Film.

Jede Ausnahme, die Mama macht, ist ein kleiner Aderlass. Lassen Sie sich nicht die Sinne vernebeln! Baby-Vamps sind ständig auf der Suche nach Schlupflöchern im System. Wenn Sie eine Grenze ziehen, dann ziehen Sie sie richtig. Drohen Sie nicht mit Verteidigungswaffen, die Sie nicht haben. Auch nicht mit Konsequenzen, die Sie nicht durchziehen können oder wollen. Wenn auf Ihre Worte auch nur ein einziges Mal keine Taten folgen, könnten Sie zu spüren bekommen, wie spitz Milchzähne sein können (»Letztes Mal hast du doch auch ja gesagt!«).

## Vampirismus ist ansteckend

Was die arme Lucy mit Dracula durchgemacht hat, war vergleichsweise harmlos. Er kam nur einmal pro Nacht, manche Kinder kommen stündlich. »Mamaaaa«, flüstert es und wir spüren, wie sich die Bettdecke hebt und sich eiskalte Kinderfüße in unsere Kniekehlen schieben ...

Und am nächsten Morgen sind wir gerädert. Wir sehen nicht nur mitgenommen aus – unser kleiner Vampir hat tatsächlich etwas von uns mitgenommen: das letzte bisschen Kraft, das uns noch geblieben war. Und jetzt hocken wir am Frühstückstisch und haben Probleme, unsere Augen offen zu halten. Mit fahrigen Bewegungen schmieren wir Brote und schmeißen die Kaffeetasse um. »Shit«, denken wir (laut sagen wir es nicht, die Kinder sitzen ja dabei). Holen den Lappen. Da kommt der Göttergatte herein, bester Laune, morgens um sieben. Allein das ein Affront! Und fragt: »Was ist denn das für eine Sauerei?« Da rasten wir aus. Kippen ihm den ganzen aufgestauten Haushalts- und Kinderfrust der vergangenen Wochen wie eine Ladung Müll vor die Füße.

Während wir wüten, wird uns bewusst, dass wir jetzt selbst in Saugstellung sind. Jetzt muss er für uns den Hals hinhalten. Wie es ihm dabei geht, ist uns in diesem Moment egal. Schließlich sind es auch seine Bälger! Er hätte ja auch aufstehen und uns schlafen lassen können. Ich kann nicht mehr! Ich bin kaputt! Ich bin fertig! Ich. Ich. Ich. Vampirismus steckt an. Er wird ganz blass und muss sich erst einmal setzen. Die Hypnose wirkt. Er ist in Duldungsstarre. Wir spüren, wie uns Eckzähne wachsen und schnappen gierig zu.

Später, als dann alle aus dem Haus sind, sitzen wir noch lang am Tisch. Die Arbeit wartet, aber was soll's. Wir überlegen, ob wir nicht unsere Freundin anrufen und ihr unser Leid klagen sollen. Aber nein. Das hieße ja schon wieder saugen. Da denken wir lieber nach. Unser Energietank ist leer. Wir wissen, dass wir ihn füllen müssen. Auf Kosten anderer leben wollen wir nicht. Also müssen wir uns eine längere Pause gönnen, um zu regenerieren. Noch am selben Tag beantragen wir eine Kur. Ohne Kinder. Jemand anderes wird sich um sie kümmern. Zur Not kommt eine Ersatzmutter von der Wohlfahrt ins Haus. Soll *die* vorübergehend ihren Hals hinhalten, sie wird schließlich dafür bezahlt ...

## Eine Hand wäscht die andere?

Gesaugt wird immer da, wo es etwas zu holen gibt. Mama hat (fast) immer ein offenes Ohr für die Sorgen und Nöte ihrer Lieben, ein Heftpflaster in der Handtasche, einen Picknickkorb im Kofferraum und jede Menge Kleingeld – lauter Dinge, die Kinder brauchen. So entsteht ein Energiefluss von der Mutter zum Kind. Ein andermal aber ist es umgekehrt. Dann hat das Kind etwas zu geben, was uns fehlt. Mangelt es uns an Flexibilität, klopft es uns mit seiner Spontaneität weich. Ist unsere Laune im Keller, bringt es uns mit seinem unwiderstehlichen Humor zum Lachen. Haben wir das Gefühl, von aller Welt verlassen zu sein, zeigt es uns: Ich bin für dich da. Und bringt so wieder alles ins Lot.

Im Normalfall ist das Verhältnis von Geben und Nehmen einigermaßen ausgeglichen oder allenfalls zu Lasten von uns Erwachsenen gekippt. In manchen Fällen aber könnte die Schräglage auch auf Kosten des Kindes gehen. Beispielsweise wenn wir über längere Zeit schwer krank sind oder in Problemen stecken. Dann ist die Verlockung groß, nach jedem Strohhalm zu greifen, der uns emotional und energetisch über Wasser halten könnte.

Wenn uns unser Kind in solchen Situationen sein weiches Herz auf dem Silbertablett präsentiert und nicht von unserer Seite weicht, ist die Versuchung groß, uns an seiner zarten Schulter anzulehnen. Und sei es nur für einen Moment. Es tut ja so gut. Aber machen wir es lieber nicht. Lassen wir ihm seinen Raum, um zu wachsen. Drücken wir es nicht an die Wand. Das hat es nicht verdient.

## Umkehrprinzip

Wenn Menschen alt werden, heißt es, dann werden sie wie die Kinder. Während wir im Laufe der Entwicklung hin zum Erwachsenen langsam lernen, unsere vampiristischen Neigungen mehr oder weniger zu bändigen, kommt irgendwann der Punkt, an dem sich dieser Prozess wieder umkehren könnte. Sind die Kinder groß und stehen sie auf eigenen Beinen, kann es durchaus passieren, dass sie ihr Vampircape an die Eltern abgeben. »Bei allem, was ich für dich getan habe, kann ich wohl ein kleines bisschen Unterstützung erwarten«, jammert die greise Mutter. »Ich habe dir schließlich die Ausbildung bezahlt«, rechnet uns der gebeugte Vater vor.

Den Großeinkauf erledigen, den Rasen mähen, die Bankgeschäfte tätigen, einmal die Woche zum Arzt fahren, dreimal zur Krankengymnastik und jeden Sonntag zum Mittagessen antreten. Aber pünktlich bitte. Und wenn wir nicht sofort zur Stelle sind, drohen sie mit Enterbung. Wenn wir heute anrufen, fragen sie, warum wir es nicht schon gestern getan hätten. Und wenn wir ihnen zum Geburtstag einen Blumenstrauß schenken, heißt es: »Das ist ja das Mindeste, was du tun konntest.«

Natürlich sind nicht alle alten Leute so. Genauso wenig wie alle Menschen Vampire sind. Nur die Untoten pressen den Saft aus anderen heraus. Die, die nicht richtig gelebt haben in ihrem Leben, die ihr Glück von einem Tag auf den nächsten verschoben und am Ende doch nicht zugegriffen haben. So ist ihnen die Zeit zwischen den Fingern zerronnen, der Hunger nach dem Leben aber ist geblieben. Den sollen jetzt die anderen stillen.

Wenn Eltern von ihren erwachsenen Kindern grenzenlose Wiedergutmachung für all die Versorgungsleistungen der Vergangenheit fordern, ist das ein Fall von energetischem Vampirismus. Lassen Sie sich nicht unter Druck setzen! Tun Sie so viel, wie Sie freiwillig und gern tun möchten. Sie tragen nicht die Verantwortung dafür, dass Ihre Eltern Sie in die Welt gesetzt haben und Sie anschließend großziehen mussten. Wenn diese Ihnen das zum Vorwurf machen, kurbeln sie an Draculas Nebelmaschine. Bleiben Sie standhaft, und gehen Sie *Ihren* Weg.

## Sieben goldene Regeln wider den Vampirismus in der Eltern-Kind-Beziehung

1. Wir Mütter haben viele Pflichten, eine der wichtigsten ist, unseren Kindern ab und zu eine Enttäuschung zuzumuten. Nur so zeigen wir ihnen, dass sie nicht alles haben können; dass es nicht immer so läuft, wie sie wollen; dass es auch andere Interessen gibt als die ihren. Denn sie selbst haben nur ein Interesse: zu saugen. Jetzt. Hier. Sofort.

2. Wenn Sie – dem Babysitter sei dank – für einen Nachmittag oder Abend entfleuchen können, dann sollten Sie Ihr Kind nicht nur

in persona, sondern auch in Gedanken daheim lassen. Sorgen Sie sich nicht über sein Wohlbefinden, und erzählen Sie nicht permanent davon, was es alles Tolles oder weniger Tolles gesagt oder getan hat. Widersetzen Sie sich dem Fernvampirismus!

③ Wenn Ihr Kind sagt: »Alle anderen haben (oder dürfen) XY, nur ich nicht!«, ist es in Saugstellung. Selbst wenn es stimmt (was längst nicht erwiesen ist), brauchen Sie sich nicht ausplündern zu lassen, nur weil andere Mütter es tun. Sagen Sie trotzdem NEIN, wenn Sie es für richtig halten.

④ Kaum hat ein Kind sprechen gelernt, wird es zum Überredungskünstler. Versuchen Sie erst gar nicht, Ihre Position mit Worten zu rechtfertigen – irgendeine Argumentationslücke findet Ihr kleiner Dracula immer. Und hat er die erst entdeckt, lässt er Sie nicht mehr aus seinen Fängen. Im Zweifelsfall gilt die Devise: Nicht diskutieren, sondern handeln. Motto: Meine Brust gehört mir. Ich bestimme, wann du saugen darfst.

⑤ Verabschieden Sie sich von dem Wahn, immer gut gelaunt, geduldig, einfühlsam und pädagogisch korrekt sein zu müssen. Die perfekte Mutter aus dem Bilderbuch gibt es nicht. Irgendeine Schwachstelle hat jede von uns, und Kinder sind unübertreffliche Spürnasen. Die Anstrengung des Fassade-Wahrens können wir uns also getrost sparen.

⑥ Kinder sind auf unsere Unterstützung und Zuwendung angewiesen. Wir haben sie in die Welt gesetzt, und so ist es unsere Aufgabe, uns um sie zu kümmern. (Meistens tun wir es ja gern.) Wenn Ihre »Kinder« Ihnen aber mit Mitte dreißig noch die schmutzige Wäsche mit nach Hause bringen und ihr Taschengeld einfordern, haben Sie Sauger am Hals. Setzen Sie sie vor die Tür!

⑦ Werden Sie misstrauisch, wenn nicht nur Ihre eigenen Kinder, sondern auch alle anderen Sie supertoll und großzügig finden. Heute plündert die Rasselbande Ihren Kühlschrank aus. Morgen geht Sie Ihnen an den Hals.

# Berufsleben

Denken wir an Vampire in der Arbeitswelt, kommen uns weniger die Figuren aus alten rumänischen Schauergeschichten in den Sinn. Statt eines gut aussehenden, wenn auch ein wenig angemoderten Edelmanns mit verdächtig rot gefärbten Lippen stellen wir uns eher einen feisten, Zigarre rauchenden Industriemagnaten mit Stiernacken und Wurstfingern vor, der asthmatisch keuchend mit dem Rotstift die Listen der Gehaltsempfänger kürzt. Oder einen aalglatten Geschäftemacher mit angegeltem Haar und Maßanzug aus edelstem Tuch, der mit dezentem Klick das Schloss seines teuren Aktenkoffers aufschnappen lässt und kalt lächelnd einen Knebelvertrag daraus hervorzieht, mit dem er sein unbedarftes Gegenüber aus reiner Profitgier in den Ruin zu treiben gedenkt.

Es gibt wohl kaum jemanden, der nicht von irgendeinem Unhold zu berichten wüsste, der auf Kosten anderer seinen Vorteil suchte – und fand: der Boss, der seinen Angestellten erst ausnutzt und ihm dann pünktlich zu Weihnachten das Kündigungsschreiben schickt; der Vorgesetzte, der mit Verweis auf leere Kassen von den Untergebenen doppelte Arbeit für halbes Geld erzwingt und dank der so erreichten »Effizienzsteigerung« für sich selbst eine saftige Gehaltserhöhung durchsetzt; der neu ernannte Manager, der zwei Leuten im Team am ersten Tag eröffnet, dass er sie loswerden will, um sein »Headcount-Ziel« zu erfüllen, und sie so lange traktiert, bis sie sich »freiwillig« nach einem anderen Job umsehen. Beispiele wie diese gibt es zuhauf, und je mehr die Krisenstimmung mit düsteren Arbeitsmarkt- und Konjunkturprognosen geschürt wird, desto brutaler die vampiristischen Methoden.

Neben diesem »senkrechten« Vampirismus (von oben nach unten) existiert eine zweite, nicht minder fiese waagerechte Variante, bei der sich Kollegen untereinander an die Hälse gehen. Gerade unter Frauen ist diese Form weit verbreitet – so manch ein Opfer inner-betrieblicher Intrigen weiß ein Lied davon zu singen. Da ist die Vor-zimmerdame, die der Sachbearbeiterin wichtige Informationen vor-enthält, um sie beim Chef ins Messer laufen zu lassen. Oder die Frau aus der Buchhaltung, die aus Missgunst die Spesenabrechnung ih-rer persönlichen Rivalin regelmäßig im Aktenstapel untergehen lässt. Und da sind Tratsch, Klatsch und Gerüchte. Bei ihren unter-schwelligen Attacken geht es den Saugern – und Saugerinnen – oft nicht um materielle Vorteile, sondern um die Gunst des Vorgesetz-ten. Schau her, wie gut ich bin und wie schlecht die anderen! Die Beste-Freundin-Masche lässt grüßen.

Dass gerade im Geschäfts- und Arbeitsleben eine erhöhte Vam-pirdichte zu beobachten ist, lässt sich leicht erklären: Es ist schlicht-weg das ideale Gelände. Nirgendwo gibt es so viel zu holen, ist hier doch gleich eine ganze Schar von potenziellen Opfern per Vertrag an Ort und Stelle fest gebunden. Und jedes einzelne von ihnen bringt sich mit seiner Leistungskraft, seinen Ideen, Träumen und Hoff-nungen ein. Auch die Geldströme, die in einem Unternehmen tag-täglich fließen, sind gigantische Energiebewegungen, die den Sau-gern aller Grüfte den Mund wässrig machen.

## Vorbereitung ist der halbe Sieg

Gegen die Existenz der Schattenwesen an sich können wir nichts tun. Es hat sie immer gegeben und wird sie immer geben. Umso wichtiger ist es, gewisse Vorkehrungen zu treffen, um die Energiesauger nicht noch mutwillig anzulocken. In die Karpatenwälder würden wir ja auch nicht im tief dekolletierten Abendkleid reisen. Wenn wir schon dorthin fahren müssen, dann doch lieber hochgeschlossen und mit einer Girlande aus Knoblauchzehen um den Hals. Was Sie brauchen, ist eine Art Strickmuster für einen energetischen Rollkragenpullover, an dessen Maschen sich die Draculas in Ihrem Kollegenkreis die Zähne ausbeißen (Sie finden es in Kapitel 4, »Der energetische Schutzschild«, Seite 157ff.). Stricken müssen Sie selber – sich die Anleitungen nur durchzulesen reicht nicht aus. Aber es lohnt sich, denn so gewappnet, entgehen Sie manchem Aderlass.

Vampire wählen meist den Weg des geringsten Widerstands, sie suchen immer nach dem einfachsten Opfer. Wer mit ihnen rechnet und sich entsprechend schützt, hat die besten Chancen, seine Haut zu retten.

## Bloß keine Panik

Wenn wir im Arbeitsleben auch immer wieder mit Begegnungen der vampiristischen Art rechnen müssen, so soll keinesfalls der Eindruck entstehen, dass ständig von allen Seiten her Gefahren lauern. Meist haben wir ein gutes Gefühl dafür, wer von unseren Vorgesetzten und Kollegen auf unsere Kosten lebt. Wir spüren es an der Leere und Müdigkeit, die sich im Umgang mit dem Sauger einstellt. Besonders wenn wir viel mit ihm zu tun haben (oder gar dasselbe Büro mit ihm teilen), fühlen wir uns ständig kraftlos und hohl – um Jahre gealtert. »Burnout« heißt das auf Neudeutsch.

Aber in den meisten Firmen sind die Vampire in der Minderzahl, und es überwiegen die Menschen unter den Kollegen. Wie generell im Umgang mit Energiesaugern geht es auch hier darum, uns einerseits vor Übergriffen zu schützen, andererseits aber offen für einen lebendigen Austausch mit all den anderen freundlichen Naturen zu bleiben. Würden wir uns komplett verschließen und misstrauisch nach allen Seiten schielen, hätte das nicht nur verheerende Folgen für unser eigenes Wohlbefinden. Auch das allgemeine Betriebsklima würde bald so frostig-kalt werden wie eine transsilvanische Winternacht. Dies vorausgeschickt, öffnen wir die Tür zur Gruft.

## Die Diagnose

Was auch immer Sie in diesem Buch über Vampire und deren Andockstrategien gelesen haben, im Arbeitsleben treffen Sie sie *alle* an: den Heiratsschwindler ebenso wie den Selbstmörder. Lassen Sie sich von den Bezeichnungen nicht täuschen: Sowohl männliche als auch weibliche Vampire können sich mit jeder beschriebenen Strategie an uns heranmachen. So gibt es durchaus auch Frauen, die sich als Guru produzieren, oder Männer, die sich mit der Häschen-Masche dumm stellen. Welche Strategie der Sauger wählt, ist eher eine Frage des Naturells als des Geschlechts. Einzig die Beste-Freundin-Masche scheint eine typisch weibliche Vampirnummer zu sein.

Ziel der Sauger ist immer das gleiche: Sie wollen an unsere Energievorräte. Die Art, wie sie darauf zuzugreifen versuchen, kann jedoch völlig verschieden sein. Sie genau zu kennen, ist die Voraussetzung für die Wahl des Schlachtplans. Verfallen Sie also nicht in Aktionismus, wenn Sie feststellen, dass Sie vom Chef oder einem Kollegen energetisch ausgeplündert werden. Beginnen Sie zunächst mit der Beobachtung. Auch die Vampirjäger im Dracula-Buch erstellten erst ein genaues Persönlichkeitsprofil des Wiedergängers, bevor sie sich auf die Jagd nach ihm machten.

Legen Sie ein Vampirtagebuch an. Notieren Sie darin die Antworten auf die Fragen zum Sauger-Profil. Skizzieren Sie in kurzen Stichworten typische Situationen, die sich zwischen Ihnen abspielen. Wie verhält er sich? Wie reagieren Sie darauf? Achten Sie vor allem darauf, welche Gefühle seine Attacken in Ihnen auslösen.

## Das Sauger-Profil

- Mit welcher Strategie rückt Ihnen der Vampir auf den Leib? Ist es eine der in Kapitel 2 beschriebenen, oder wählt er eine andere, ungewöhnlichere?
- Bleibt er einer Masche treu, oder ist er eines der seltenen Multitalente, die die Strategie wechseln wie ein Chamäleon die Farbe seines Schuppenpanzers?
- Wie genau löst er die Duldungsstarre in Ihnen aus? Schreit er Sie an? Lullt er Sie mit Komplimenten ein? Oder erpresst er Sie unverhohlen?
- Was macht Sie anfällig für seine Attacken? Wo ist Ihr wunder Punkt? Was erwarten Sie von ihm? Was ist das Schlimmste, das passieren kann, wenn Sie dem Saugen ein Ende bereiten?
- Was verlangt der Sauger Ihnen ab? Zuwendung, Bestätigung, Überstunden, Zugeständnisse …?
- Um welches Thema geht es? Macht, Manipulation, Klarheit … (siehe auch Übersicht auf Seite 42f., »Die neun Andockstrategien im Überblick«)?

## Der Schlachtplan

Nachdem Sie sich auf diese Weise ein möglichst genaues Bild von der Taktik Ihres Peinigers und von Ihren eigenen Gefühls- und Verhaltensmustern gemacht haben, ist es an der Zeit, eine genau auf den Sauger zugeschnittene Abwehrstrategie zu entwerfen. Für die gängigen Vampirtypen könnte sie etwa so aussehen:

Dem *Heiratsschwindler*, der Sie mit großartigen Karriereversprechen wie einen Hamster im Rad rennen lässt, können Sie mit harten, überprüfbaren Fakten beikommen. Zerlegen Sie seine großartige Vision in Etappenziele, und legen Sie ihm einen schriftlichen(!) Zeitplan vor. Wenn Sie bis Datum X Schritt 1 erfüllt haben, muss konkret Y passieren. Erst dann wenden Sie sich Schritt 2 zu. (Er wird womöglich über Ihren Mangel an Vertrauen beleidigt sein, dann aber doch unterschreiben, um zu beweisen, wie ehrlich er es meint.)

Auf diese Weise investieren Sie immer nur den Aufwand von einem Zwischenziel zum nächsten. Stellt sich die versprochene Belohnung tatsächlich ein, umso besser. Wenn nicht, können Sie das gesamte Projekt vergessen und so den Blutverlust auf ein Minimum beschränken.

Wenn Sie es mit einem *Häschen* zu tun haben, das sich dumm anstellt, um Ihnen seine Arbeit aufzuhalsen, dann vergessen Sie Ihr Mitleid. Halten Sie sich lieber an die Tatsachen. Solange Sie mit dieser Frau/diesem Mann in einem Team sind und am Ende für den Erfolg gemeinsam geradestehen müssen, sind Sie in der Zwickmühle.

Gehen Sie nicht zu Ihrem Chef, um ihm über die Unfähigkeit des Häschens vorzujammern. Das würde ihn eher nerven. Legen Sie ihm lieber einen konkreten Projektplan vor, in dem die Verantwortlichkeiten fein säuberlich getrennt sind. Behalten Sie die Nerven, wenn der Endtermin näher rückt. Selbst ein Häschen kann springen, wenn ihm der Fuchs (oder der Chef) auf den Fersen ist.

Der *Guru*, der nach Gutsherrenart regiert und Sie mit autoritärem, überheblichem Gehabe in den Frondienst zu zwingen versucht, verunsichert allein mit seinem Auftreten. Aus diesem Bann müssen Sie heraustreten, um handlungsfähig zu werden. Auf Seite 177f. (»Visualisierungsübung«) finden Sie eine Technik, mit der Sie Ihre Ängste beherrschen lernen.

Der Kampf gegen den Guru findet in erster Linie in Ihrem Inneren statt: Haben Sie ihn erst einmal von seinem Sockel gestoßen, ist die Trance durchbrochen, und Sie können all die klugen Dinge tun und sagen, die Ihnen bislang immer erst dann eingefallen sind, wenn die Begegnung mit ihm vorüber war. In diesen Dingen nämlich liegt die Lösung! Schreiben Sie sie zunächst in einer Liste zusammen, studieren Sie sie vor dem Spiegel ein, und probieren Sie sie im Umgang mit harmlosen Zeitgenossen aus. Dann ist es Zeit für den großen Showdown. Sie haben den Vampir studiert. Sie wissen, wie er reagiert. Aber er kennt Sie nicht. Heben Sie lächelnd die Lefzen. Er wird erschrecken, wenn er Ihre Zähne sieht.

Der *Seitenspringer* mag noch so attraktiv, charmant und betörend sein, seine Feigheit macht ihn zur Nullnummer. Was nützen alle Schwüre, Ihnen beizustehen, wenn er Sie im entscheidenden Meeting doch im Stich lässt. Sollte er sich bei nächster Gelegenheit also wieder einmal lässig auf Ihre Schreibtischkante sinken lassen und Ihnen tief in die Augen schauen (natürlich nur, um Ihnen irgendeinen Gefallen zu entlocken), lächeln Sie ruhig zurück. Aber erst, nachdem Sie die Tresortür vor Ihrem Herzen verschlossen haben.

Geben Sie die Iron Lady, zieht er sich bald von allein zurück. Er ist der Schwarm der gesamten weiblichen Belegschaft. Warum sollte er sich gerade für Ihren zugeknöpften Kragen interessieren, wo er doch die freie Auswahl hat?

Beim Umgang mit einem *Säufer* (oder anderen gescheiterten Existenzen) gilt es vor allem, auf eines zu achten: das Glatteis. Sein Weltschmerzgejammer ist zwar ätzend, aber es lässt sich ignorieren. Viel unangenehmer ist seine notorische Unzuverlässigkeit. Wenn sie ihn in Schwierigkeiten bringt, wird er versuchen, seine Haut zur Not auch auf die krumme Tour zu retten.

Fleht er um Ihre Komplizenschaft, und lassen Sie sich darauf ein, hat er Sie in der Hand. Weigern Sie sich, auch wenn er Zeter und Mordio schreit! Und wenn es schon geschehen ist? Wenn Sie ihm schon auf den Leim gegangen sind? Überlegen Sie, wie Sie das Ganze wieder gerade rücken können. Steigen Sie aus, auch wenn es Sie einiges kostet. Wenn Sie sein Spiel weiter mitspielen, könnte das am Ende noch sehr viel teurer für Sie werden.

Der *Schnorrer* verkündet lauthals, wie gut er ist. Die Arbeit aber überlässt er lieber anderen. Beurteilen Sie ihn nicht nach seinen Worten, denn danach wäre er absolut unfehlbar und perfekt – wenn ihm die anderen nur nicht immer Knüppel zwischen die Beine werfen würden! Konzentrieren Sie sich auf seine Taten.

Auf die Gefahr hin, kleinlich zu wirken: Denken Sie sich ein Punktesystem zur Bewertung seiner Leistungen und Ihrer Gegenleistungen aus (Beispiel: 1 Überstunde = 1 Punkt; einmal die Silvesterschicht für ihn übernehmen = 10 Punkte). Stellen Sie Ihren Einsatz dem seinen gegenüber. Stimmt die Balance? Wahrscheinlich nicht! Sonst wäre er kein Vampir. Reduzieren Sie Ihre Tätigkeiten für ihn, bis das Verhältnis stimmt. Oder verlegen Sie sich auf Kopplungsgeschäfte: Sobald du X gemacht hast, mache ich Y für dich. Je lukrativer »Y« für den Vampir ist, desto flinker spurt er. Am Ende ist er womöglich so beschäftigt, dass er gar nicht mehr ans Saugen denkt.

Die *beste Freundin* unter den Kollegen, die nach vorne hin lächelt und hinterrücks gemeine Intrigen schmiedet, drückt Ihnen einen Konkurrenzkampf auf, der jede Menge Kraft und Nerven kostet. Einerseits wollen Sie sich nicht auf ihr Spiel einlassen, andererseits aber wissen Sie, dass sie das stillschweigende Dulden ihrer Attacken geradezu als Einladung zu weiteren Saugmanövern werten würde.

Diesen Teufelskreis können Sie am ehesten durchbrechen, wenn Sie eine neutrale Person hinzuziehen (beispielsweise den Betriebsrat oder einen Mediator). Gut dokumentiert wie Sie dank Ihres Vampirtagebuches sind, sollte es Ihnen gelingen, die Saugerin bei dem folgenden Vermittlungsprozess in die Schranken zu weisen. Haben Sie ihr auf diese Weise einmal deutlich die Zähne gezeigt, wird sie sich kaum noch an Ihren Hals heranwagen.

Der *Bewunderer*, der uns Zuckerbrot bietet, wenn wir für ihn die Kohlen aus dem Feuer holen, kann seinem Opfer zwar kräftemäßig ziemlich an die Substanz gehen, vom Wesen her aber ist er noch der Gutartigste unter den Vampiren. Er ist nur faul und sucht für sich den bequemsten Weg.

Die Schlacht gegen ihn wird in erster Linie in Ihrem eigenen Kopf geschlagen. Der Energiesauger kann nur so lange »Liebesdienste« aus Ihnen herausschmeicheln, wie Sie für seine Worte anfällig sind. Fragen Sie sich, was Sie für seine Masche so anfällig macht! Wer über ein gutes Selbstbewusstsein verfügt, ist nicht auf Lobhudeleien angewiesen. Aus dieser inneren Abhängigkeit müssen Sie sich lösen und können so den Vampir verscheuchen.

Die Art von *Selbstmördern*, die im Geschäftsleben ihr Unwesen treibt, will sich nicht selbst an die Kehle, sondern droht mit unternehmerischem Overkill, wenn die Belegschaft nicht spurt, wie sie wollen. Wenn ihre Firma flöten geht, dann gehen alle mit den Bach hinunter ... (Es handelt sich hier wohl bemerkt nicht um eine echte finanzielle Zwangslage des Unternehmens, sondern um eine erpresserische Masche).

Mit dem Verlust von derart existenziellen Dingen wie dem Arbeitsplatz unter Druck gesetzt zu werden, hält auf Dauer niemand aus. Wenn ein vampiristisch veranlagter Unternehmer einmal mit dieser üblen Methode durchgekommen ist, wird er bei jedem Anlass auf sie zurückgreifen, nach dem Motto: Einmal erpressbar, immer erpressbar. Entmachten können Sie den Energiesauger nur, wenn Sie sich ihm ein für allemal entziehen. Suchen Sie sich schnellstmöglich einen neuen Job!

# Mobbing oder Der Tanz der Vampire

Beim Mobbing handelt es sich nicht um gelegentliche Zapfattacken, sondern um den groß angelegten Generalangriff eines mächtigen Vampirs (meist eines Vorgesetzten oder eines in einer Schlüsselstellung sitzenden Kollegen) und seines versammelten Geschwaders. Aktiv zu werden ist der erste Schritt, um diese Schlacht erfolgreich zu schlagen. Folgende Abwehr hat sich in der Praxis bewährt:

Führen Sie Ihr Vampirtagebuch so sorgfältig wie möglich und über einen längeren Zeitraum hinweg. (Die Beharrlichkeit lohnt sich, denn sonst könnte die Sache später leicht als einmalige Angelegenheit abgetan werden.) Vergessen Sie nicht, neben der möglichst detailgenauen Schilderung der einzelnen Zwischenfälle jeweils auch das Datum und die Uhrzeit zu notieren. Vielleicht gibt es auch einen Zeugen, der Ihnen die Aufzeichnungen per Unterschrift bestätigt? (Besser jetzt unterschreiben lassen als später, sonst kippt der Zeuge noch um.)

Vergewissern Sie sich, dass es sich auch wirklich um Mobbing handelt. Legen Sie Ihre Aufzeichnungen einer neutralen Person vor, von der Sie eine ehrliche Antwort erwarten können. Eine Freundin oder der Partner kann zwar wertvolle moralische Unterstützung leisten, ist aber meist kein objektiver Ratgeber. Wenn Sie generell anfällig für Mobbing sind, lohnt es sich auch, sich zu fragen, warum es immer Sie trifft. Sind Sie eine leichte Beute? Wenn ja, warum?

Die Vampirjäger in Bram Stokers Roman zogen einen Spezialisten zu Rate, der sich im Reich der Schattenwesen auskannte. Tun Sie es ihnen gleich. Suchen Sie sich einen Rechtsanwalt mit einschlägiger Erfahrung, der Ihnen in der sachlichen Auseinandersetzung Schützenhilfe leistet, und einen Therapeuten, der Ihnen psychisch zur Seite steht. Unterstützung können Sie darüber hinaus bei den Sozialberatungsstellen bekommen, die mittlerweile jede größere Stadt unterhält. Mancherorts wird sogar eine spezielle Beratung für Mobbingopfer angeboten. Auch die Gewerkschaften können Ihnen weiterhelfen. Selbsthilfegruppen geben ebenfalls Rat und Information. Bleiben Sie bei der Wahl Ihrer Ratgeber kritisch, und erkundigen Sie sich vorher genau nach den Kosten: Das Beratungsgewerbe zieht Guru-Vampire an! (Adressen über Beratungsangebote finden Sie im Internet, zum Beispiel unter www. mobbing-help.de)

Lassen Sie nach Feierabend das Thema Mobbing ruhen, und erzählen Sie nicht ununterbrochen davon. Je mehr Sie sich entrüsten und in die Sache hineinsteigern, desto mehr Macht gewinnt der Vampir und desto mehr bluten Sie aus. Sparen Sie sich die Energie, gegen die Mobbingattacken zu wüten. Wenden Sie sich vielmehr ganz bewusst der Lichtseite des Lebens zu, und tun Sie Dinge, die Ihnen Spaß machen und bei denen Sie Kraft tanken können. Denken Sie daran: Energielecks ziehen Haie an! Und das wollen Sie sicher nicht riskieren.

## Sieben goldene Regeln wider den Vampirismus im Berufsleben

1. Lassen Sie sich generell nicht auf Tratsch und Klatsch ein, egal mit wem und über wen. Zum einen ziehen solche negativen Gedanken jede Menge Energie ab, und zum anderen öffnen wir mit jeder unserer Äußerungen dem Vampirismus Tür und Tor. Wenn wir schlecht über jemanden reden, ist das so, als würden wir dem Sauger das Erpressungswerkzeug auch noch selbst in die Hand drücken.

2. Checken Sie bei allen Auseinandersetzungen, welche Motivation Sie treibt. Geht es Ihnen rein um die Sache? Und ist das Ganze wirklich so wichtig? Dann bleiben Sie am Ball, und verfolgen Sie beharrlich Ihr Ziel (siehe Regel 3)! Aber gerade im Umgang mit

einem Vampir könnte es gut sein, dass auch ein kleines bisschen Rachelust mit im Spiel ist. Wäre es nicht schön, Ihrem Peiniger all seine unverschämten Übergriffe endlich einmal heimzuzahlen, ihn endlich einmal selbst leiden zu sehen? Solche Gefühle zu haben ist mehr als verständlich, gestehen Sie es sich ruhig ein. Aber wenn es ums Handeln geht, dann lassen Sie diese Gefühle besser beiseite, und orientieren Sie sich strikt an Sachinteressen! Auch mit schwelenden Rachegedanken verschwenden Sie Energie (in Form von Aufmerksamkeit) an den Vampir. Wozu sollten Sie ausgerechnet ihm etwas beweisen wollen?

③ Vampire stehen ständig an der Nebelmaschine. Um bei Verhandlungen mit ihnen nicht vom Kurs abzukommen, brauchen Sie eine Orientierungshilfe. Stellen Sie vor dem Gespräch eine Checkliste mit allen Punkten zusammen, die anzusprechen sind, und notieren Sie darauf auch Ihr Ziel (möglichst dick und fett umrandet!), damit Sie es stets vor Augen haben.

④ Diskutieren Sie nicht unnötig, rechtfertigen Sie sich nicht, behalten Sie Ihre Emotionen für sich. Der Sauger sucht in jedem Ihrer Worte nach Andockflächen für neue Attacken. Beschränken Sie sich auf die Fakten, sagen Sie einmal kurz und präzise (am besten schriftlich), was Sie wollen, und reagieren Sie nur auf die konkret greifbaren Punkte in seiner Antwort.

⑤ Wenn Sie sich überfahren oder aufs Glatteis geführt fühlen, fängt die vampiristische Trance an zu wirken. Entscheiden Sie jetzt nichts. Warten Sie, bis Ihr Kopf frei ist und Sie wieder klar denken können.

⑥ Lassen Sie sich nicht unter Zeitdruck setzen. Vampire drohen immer etwas Schlimmes an, wenn wir ihnen nicht sofort geben, was sie haben wollen. Überlegen Sie genau, ob das Schlimme wirklich so schlimm wäre und ob es wirklich eintreten würde. Oft zerplatzen solche Schreckensvisionen bei näherer Betrachtung wie eine Seifenblase.

⑦ Stellen Sie den Vampir vor vollendete Tatsachen. Solange Sie den Takt vorgeben und vorneweg laufen, haben Sie die besten Chancen, dass ihm irgendwann die Puste ausgeht. Dann haben Sie die Schlacht gewonnen.

## Soziales Umfeld

Wenn wir das Gruselkabinett der Energie saugenden Schattenwesen Revue passieren lassen, könnten wir fast meinen, dass wir mit den Saugern in unserem sozialen Umfeld – also vor allem im Umgang mit Bekannten, Nachbarn und weitläufigeren Verwandten – noch das leichteste Spiel hätten. Schließlich sind wir weder durch intime noch durch enge Blutsbande noch per Arbeitsvertrag an sie gebunden. Wenn wir wollen, können wir uns also jederzeit von ihnen befreien. Aber genau da liegt der Hase im Pfeffer: Die Vampire, mit denen wir es hier zu tun haben, lähmen unseren Willen mehr als alle anderen. Gerade weil sie keine andere Handhabe besitzen, um uns an sich zu fesseln, müssen Sie massiveren Psychodruck ausüben als ihre in geschlosseneren Zirkeln jagenden Vettern und Cousinen.

So kann es passieren, dass uns eine einzige, eigentlich völlig harmlose, womöglich nur ein wenig einsame Nachbarin schier um den Verstand bringt. Keine Minute sind wir vor ihr sicher, sie klingelt zu jeder Tages- und Nachtzeit, stets mit einem dringenden, unaufschiebbaren Anliegen – einmal sind ihr beim Kochen die Zwiebeln ausgegangen, ein andermal haben verdächtige Geräusche sie aus dem Schlaf gerissen, dann wurde unsere Post versehentlich bei ihr abgegeben (ob sie den Postboten bestochen hat?). Und kaum schieben wir den Fuß vor die Tür, ist sie zur Stelle. Es ist, als würde sie den ganzen Tag hinter dem Spion ihrer Wohnungstür lauern, um uns abzupassen. »Wissen Sie schon das Neueste?«, leitet sie ihre Rede ein. Oder: »Stellen Sie sich vor, was passiert ist!« Aber wir wollen es uns nicht vorstellen, wir wollen einkaufen gehen oder zur Arbeit oder das Kind vom Kindergarten holen. Oder einfach nur unsere Ruhe haben.

Das Auffällige an solchen Kreaturen: Während manche Menschen sie magisch anziehen, gelingt es anderen, von ihnen völlig unbehelligt zu bleiben. Wenn Vampire wie besagte Frau Nachbarin solche saug-immunen Menschen auf sich zukommen sehen, ziehen sie unwillkürlich den Kopf ein. Sie werden fahrig, kneten sich nervös die Hände und Finger (als wollten sie sich vergewissern, dass die Krallen noch da sind) und schrumpfen ein, als wollten sie im modrig-kühlen Erdboden versinken.

Besonders Männer üben auf diese Art von meist weiblichen Vampiren eine abschreckende Wirkung aus. Wenn Sie in einer festen Beziehung leben, haben Sie womöglich schon erlebt, wie sich eine Saugerin, die sich selbst zum Kaffeetrinken eingeladen und Ihnen den halben Nachmittag gestohlen hat, überraschend schnell verschwindet, sobald Ihr Mann zur Tür hereinkommt. Was ist es, das ihn wie eine unsichtbare Knoblauchgirlande vor ihren Übergriffen schützt?

## Der männliche Schutzpanzer

Die Menschen, die keine Sauger um sich scharen, haben eines gemeinsam: Sie wirken unnahbar, und zwar exakt auf der vampiristischen Andockebene. Die allermeisten Vampire, die das soziale Umfeld bevölkern, machen sich nämlich über die verbale Schiene an ihre Opfer heran. Sie bombardieren uns mit einem derart voluminösen Schwall von Worten, dass wir keinen normalen Gedanken mehr fassen können.

Nun ist ja gemeinhin bekannt, dass Männer mit »Weiberge-schwätz« (oder auch dem Gerede schwatzhafter Männer) wenig an-fangen können. Nur allzu oft haben sie klar und unmissverständlich zum Ausdruck gebracht, wie ätzend sie es finden. Würde ein Sauger dennoch versuchen, sie zuzuschwallen, müsste er sich auf die ganze Palette möglicher Abwehrreaktionen – von mildem (und darum umso arroganter wirkendem) Lächeln bis hin zur schroffen Zurück-weisung – einstellen. Allein das Wissen um diesen Widerwillen ver-leiht dem Mann einen natürlichen Schutzpanzer gegen verbalen Vampirismus.

Wir Frauen hingegen finden manchmal durchaus Gefallen an stundenlangen Gesprächen. Auch das ist allgemein bekannt, und darum fehlt uns diese allseits anerkannte Ich-hasse-das-Gequatsche-Barriere. Aus diesem Grund müssten wir mehr als jeder Mann zwi-schen interessanten und öden Unterhaltungen differenzieren und klare Grenzen ziehen. Meistens aber tun wir dies nicht. Auch wenn uns das Gerede noch so langweilt und ermüdet, schenken wir unse-rem Gegenüber unsere ungeteilte Aufmerksamkeit. Statt aufzuste-hen und das Weite zu suchen, bleiben wir sitzen und nicken. Wäh-rend uns eine bleierne Schwere erfasst, laden wir unsere Peinigerin mit bestätigenden Worten (du Ärmste, genau, ja, ja) zum Weiterre-den ein.

Wenn Sie das nächste Mal merken, dass Sie in die Fänge eines Verbalvampirs geraten sind, dann probieren Sie es doch einmal mit der Methode der Männer. Suchen Sie nicht nach einer klugen Be-merkung, um das Gespräch elegant zu Ende zu führen. Es wird Ih-nen keine einfallen, solange Ihr Verstand von Worten umnebelt ist. Geben Sie sich einen Ruck, und stehen Sie auf. Ignorieren Sie das Wortgeplätscher. Warum hinhören? Sie verpassen nichts! Gähnen Sie, recken und strecken Sie sich. (Wenn das nicht genügt, um Ihren Denkapparat wieder in Gang zu setzen, machen Sie ruhig das Fens-ter auf. Das vertreibt den Gruftgeruch.)

Sobald Sie wieder klar denken können, ist es an der Zeit, den Pflock zu setzen, das heißt:

Sagen Sie einfach ehrlich, was Ihnen in den Sinn kommt. »Jetzt muss ich aber wirklich los. Ich habe jetzt noch etwas anderes zu erledigen.« (Gehen Sie sofort, verlieren Sie keine Zeit! Und lassen Sie sich bei der Verabschiedung nicht noch einmal einlullen.)

»Es tut mir Leid, dass ich dich jetzt vor die Tür setzen muss. Aber ich bin schrecklich müde/unter Druck/beschäftigt.« (O.k., zugegeben, das mit dem Leid tun ist nicht ganz ehrlich ...)

Sauger können fürchterlich nachtragend sein. Sie meinen, ein verbrieftes Recht auf die Teilhabe an unseren Energien zu haben. Skrupellos und ohne zu fragen nehmen Sie unsere Zeit und Nerven in Anspruch. Solange wir uns nicht wehren, finden sie uns nett und sympathisch (und das ist das Letzte, was wir wollen!). Drehen wir ihnen aber nur einmal bewusst den Zapfhahn zu, trifft sie das genau dort, wo es soll: tief im Herzen. Wenn sich die Tür hinter dem Vampir schließt und er wieder mit sich alleine ist, muss er sich schlechter fühlen als vor der Begegnung mit uns, nicht besser. Nur dann werden wir ihn los.

## Gemeinsam jammert sich's besser

Es gibt Tage, da würden wir uns am liebsten im Bett verkriechen. Das fängt schon mit dem Wetter an: Nieselregen. Feuchte Kälte. Ekelhaft. Und in dem grau-in-grauen Licht sieht alles düster aus. Das eigene Spiegelbild schaut uns aschfahl entgegen, und auch sonst ist weit und breit nichts Rosiges in Sicht. Ob der Partner, die Kinder, die Kollegen oder die Klamotten im Schrank – alles wirkt öde, der Lack ist ab.

Wenn wir uns in dieser Stimmung mit einer Freundin treffen, die nichts von unserem Frust verspürt, erleichtert uns das vielleicht die

Rückkehr zur lichten Seite des Lebens: Wir entdecken kurzfristig unsere eigene Saugneigung, lassen uns von der Freundin aufmuntern (ohne es zu übertreiben, versteht sich, denn wir wollen sie ja nicht ausplündern!) und ziehen dann frohgemut von dannen.

Was aber, wenn die Freundin selbst gerade mit sich und der Welt hadert? »Mein Mann ist furchtbar!«, heult sie womöglich. »Meiner auch!«, stimmen wir ein. Und schon überbieten wir uns gegenseitig mit Schilderungen all der schrecklichen Dinge, die uns widerfahren sind. Wir fühlen mit ihr, sie leidet mit uns. Und mit jedem Wort lassen wir uns tiefer hineinsinken in unseren Kummer. Es geht uns ja soooo schlecht!

Sich die Sorgen und Nöte von der Seele zu reden kann gelegentlich ungemein gut tun. Wenn wir aber anfangen, uns gegenseitig zu bemitleiden, hat keine etwas davon. Nach einem solchen Gespräch fühlen wir uns müde und leer. All die vielen negativen Gedanken, die wir heraufbeschworen haben, greifen mit klammen Gruftfingern nach uns und ziehen uns ins Depressionsloch hinab. Statt uns freundschaftsmäßig den Rücken zu stärken, sind wir uns, ohne es zu wollen, an den Hals gegangen. Je besser wir uns kennen, je vertrauter wir uns sind, desto leichter kann das geschehen.

Dieses Phänomen des gegenseitigen Energieraubs kann auch in Selbsthilfegruppen grassieren, deren ausdrückliches Anliegen es ja ist, Menschen in schwierigen Situationen zwecks gegenseitiger Unterstützung zusammenzubringen. Überall dort aber, wo sich Bedürftige treffen, um sich über ihre Probleme auszutauschen, sitzt der transsilvanische Graf mit am Tisch. Ob beim Tête-à-tête mit der Freundin oder dem Monatstreffen der Vampirgeschädigten – seien wir achtsam! Immer und jederzeit. Beschränken wir die Redezeit, suhlen wir uns nicht in unserem Leid, und setzen wir all dem Negativen ganz bewusst auch etwas Positives entgegen. Schließlich wollen wir Dracula in die Flucht schlagen und ihm nicht auch noch freiwillig in die Arme laufen!

# Die hilflose Helferin

Apropos Gespräche unter Freundinnen: Stellen wir uns eine Frau vor, die überaus hilfsbereit und für ihre optimistische Grundhaltung bekannt ist. Beispielsweise Sie. Oder mich. Oder Ulrike. Da sie immer gute Ideen hat und mit Ratschlägen nicht geizt, gilt sie in ihrem Freundeskreis als eine Art Retterin in der Not. Zwei oder drei »Sorgenkinder« hat sie eigentlich immer zu betreuen. Kaum ist die eine Krise geschlichtet, meldet sich der nächste Problemfall an. (Sie haben es erkannt: In Ulrikes Adern pulsiert genau jene Art von Lebenssaft, nach der die Vampire gieren.)

Keiner scheint zu bemerken, dass Ulrike im Moment selbst mitten in einer Lebenskrise steckt. Ihr Mann hat sich nach einem langen, schmerzvollen Hin und Her von ihr getrennt, ihr pubertierender Sohn schlägt bedenklich über die Stränge, ihre Firma steht kurz vor dem Bankrott, und zu allem Übel kündigen sich auch noch ernstliche gesundheitliche Probleme an. Kurz: Ulrike ist am Ende. Wenn sie anderen auch noch so kluge Tipps zu allen erdenklichen Fragen geben kann, so weiß sie in ihrem eigenen Leben weder ein noch aus.

Verstehen Sie mich nicht falsch: Die Ratschläge, die sie zu geben hat, sind nicht etwa abgehoben, theoretisch und wenig praktikabel. Im Gegenteil: Bei anderen hat Ulrike ein sicheres Gespür dafür, wo eine Lösung zu finden ist. Sie hat so manche Beziehung vor dem Scheitern bewahrt, so manchen Streit geschlichtet und so manche Schieflage gerade gerückt. Die Menschen, die sie beraten hat, sind ihr dankbar.

Als Engel dazustehen hilft Ulrike aber letztlich in ihrem eigenen Leben nicht weiter. Es kostet sie nur jede Menge Energie – Energie, die sie gut brauchen könnte, um mit sich selbst ins Reine zu kommen. Und das könnte sie, würde sie sich ihren eigenen Problemen nur mit demselben Eifer, analytischen Verstand und Einfühlungsvermögen widmen wie jenen ihrer Schützlinge.

In vielen von uns Vampiropfern steckt ein Stückchen von Ulrike. Nicht nur die bösen Sauger sind es, die uns in die Duldungsstarre versetzen. Auch unser eigenes Unbewusstes treibt uns dazu, stillzuhalten und uns anzapfen zu lassen, damit uns nicht genug Kraft bleibt, um die notwendigen Kurskorrekturen in unserem Leben vorzunehmen. Würden wir hinschauen, müssten wir etwas ändern. Davor haben wir Angst, und so lassen wir uns lieber von den Vampiren den Blick vernebeln.

Halten wir uns also lieber mit Ratschlägen für andere zurück, und sagen wir uns selbst einmal den Satz, den wir unseren bedürftigen Sauger-Freundinnen so oft mit auf den Weg gegeben haben, wann immer sie in einer Krise steckten: »Auch wenn es dir jetzt wie eine Herkulesaufgabe erscheinen mag: Zaudere nicht, mach es einfach! Du kannst es schaffen. Ich weiß es!«

## Die Nachbarschaftsfalle

Was kann es Schöneres geben, als in einem lebendigen Umfeld zu leben, in dem die Menschen zusammenhalten und sich gegenseitig unterstützen?! Der Paketbote steht vor verschlossener Tür? Kein Problem, die Frau von nebenan nimmt die dringend erwartete Sendung entgegen. Die Katze braucht übers Wochenende Betreuung? Das übernimmt liebend gern die Familie von gegenüber. Und einmal im Jahr wird draußen die Straße gesperrt und ein großes Fest gefeiert. Jeder kennt jeden, und jeder ist für jeden da.

Soweit so gut, solange die Grenzen zur Privatsphäre gewahrt bleiben und das Geben und Nehmen stimmt.

Wir sind wie vom Donner gerührt, als auf einmal unvermittelt Herr Wisslow von Nummer 17 neben uns in der Küche steht. Er hat während unserer letzten Geschäftsreise unsere Pflanzen betreut und den Schlüssel noch nicht wieder abgegeben. »O, habe ich Sie erschreckt?«, fragt er und wir meinen, ein gieriges Flackern in seinem Blick zu entdecken. Er will zwar nur Filtertüten für die Kaffeemaschine borgen, aber vorsichtshalber sollten wir ihm doch den Schlüssel abnehmen. Merkwürdigerweise fühlen wir uns dabei irgendwie schuldig, fast so, als würden wir etwas Unanständiges von ihm verlangen. Und wir wissen: So kündigt sich die Duldungsstarre an. Da heißt es, beherzt zu handeln, bevor die Trance zu wirken beginnt.

»Wie gut, dass Sie gekommen sind. Sie haben mir einen Weg erspart. Gerade wollte ich zu Ihnen, um mir meinen Schlüssel abzuholen.« Wortlos streckt er ihn uns entgegen. Eine Spur zu zögerlich ist seine Geste. Und wir nehmen ihn aus seiner krallenbewehrten Hand.

Oder nehmen wir die alte Frau Meiser. Sie nimmt immer die Post für uns an, wenn wir nicht zu Hause sind. Ihr selbst schickt nie jemand was. Sie hat niemanden, ist mutterseelenallein. Nun stürzt sie im Badezimmer. Oberschenkelhalsbruch. Wir fahren dreimal die Woche zu ihr ins Krankenhaus, bringen sie mit dem Auto in die Rehaklinik und rufen täglich bei ihr an. Eigentlich soll sie von dort aus direkt ins Altersheim – ein gutes, liebevoll geführtes, wir haben es uns selbst angesehen. Der Arzt hat schon alle Unterlagen fertig, aber aus irgendeinem Grund wird nie ein Platz frei. Als wir ihn schließlich anrufen, um zu fragen, warum das Ganze so lange dauert, erfahren wir, dass Frau Meiser ihren Antrag wieder zurückgezogen hat. In der Nachbarschaft gäbe es doch so eine nette Frau, die würde sich schon um sie kümmern. Als wir sie das nächste Mal besuchen, fällt uns auf, dass ihre Lippen merkwürdig rot schimmern. Und wenn sie lächelt, blitzen auffällig spitze Eckzähnchen hervor …

Schuldgefühle schnüren uns die Kehle zu, und unser Herz klopft bis zum Hals. Und doch ziehen wir den Pflock aus der Tasche: »Frau Meiser, ich habe mit dem Arzt gesprochen. Er hat jetzt endlich einen Platz im Altersheim für Sie.«

»Na endlich!«, lügt sie. »Da bin ich aber froh!«

Als wir uns verabschieden wollen, greift sie mit erstaunlicher Kraft nach unserem Arm: »Aber Sie kommen mich doch am Wochenende immer besuchen?!«

Wir schlucken. Panik steigt in uns auf. Leere im Kopf. Beinahe nicken wir. Bis uns der rettende Satz einfällt: »Ja, aber nur, wenn es sich auch einrichten lässt.«

## Sieben goldene Regeln wider den Vampirismus im sozialen Umfeld

1. Wenn eine Unterhaltung zum Monolog wird und Ihr Gegenüber nach jedem vorsichtigen Vorstoß Ihrerseits den Gesprächsfaden geschickt wieder auf sein eigenes Thema zurücklenkt, ist diese Person in Saugstellung. Beenden Sie das Ganze, auch auf die Gefahr hin, skrupellos zu wirken. Solange Sie zögern, stehen Sie im Bann des Vampirs.

2. Halten Sie bei Verdacht auf Telefonvampirismus den Hörer mindestens fünf Zentimeter weit vom Ohr entfernt. Der äußere Abstand schafft auch innerlich Distanz. Und geben Sie keinen Ton von sich. Alles, was Sie sagen – jedes Hmm, Aha und Ja – wird als Einladung zum Weitersaugen gewertet. Je stiller Sie am Telefon sind, desto unattraktiver sind Sie für den Vampir.

3. Lassen Sie sich nicht von der leidvollen Vergangenheit eines Vampirs beeindrucken. Die Auseinandersetzung mit all den vielen mühsamen Details eines Sauger-Lebens lenkt Sie nur von Ihrem einen großen Ziel ab: den Wiedergänger loszuwerden.

4. Vampire sind Kreaturen der Nacht. Alles Finstere, Mysteriöse und Abgründige zieht sie magisch an. Am allerliebsten haben sie es, wenn man ihnen ein Geheimnis, eine Unzulänglichkeit oder eine besondere Schwäche anvertraut. Tun Sie das nicht, sonst liefern Sie sich schutzlos aus!

⑤ Vampire sind distanzlos. Auch wenn wir sie kaum kennen, rücken sie uns am liebsten dicht auf den Leib. Nutzen Sie alle Mittel der Körpersprache, um den Abstand zu vergrößern – wenn's sein muss, dürfen Sie dem aufdringlichen Vampir ruhig kräftig auf den Fuß treten (»O Verzeihung, das tut mir aber Leid!«).

⑥ Versuchen Sie nicht, einen Vampir zu ändern. Sie würden sich an ihm die Zähne ausbeißen. Ändern Sie lieber sich selbst: Vergessen Sie, was Ihnen Ihre Mutter über Rücksichtnahme und Duldsamkeit gegenüber energetischen Plünderern beigebracht hat, und lernen Sie, klar und selbstbewusst Grenzen zu setzen.

⑦ Wer einem Vampir den Zugang zu seinem Hals verwehrt, ist bei ihm unten durch. Selten verzieht er sich klaglos, meist jedoch mit lautem Geschrei. Lassen Sie sich davon nicht aus dem Konzept bringen. Sie müssen auch damit rechnen, dass er sich hinter Ihrem Rücken über Sie beschwert. Sollte Ihnen zu Ohren kommen, wie wenig einfühlsam, wie hartherzig und unhöflich Sie sind, können Sie stolz auf sich sein. Dann nämlich haben Sie gesiegt.

# IV

# Der energetische Schutzschild

*»Wollen die hochwohlgeborenen Damen vielleicht ein Amulett zum Schutz gegen den Vampir kaufen, der wie ein Wolf durch diese Wälder streifen soll?«*

SHERIDAN LEFANU, CARMILLA

Nun wissen wir es also: Sie sind unter uns, die Untoten, die es auf unsere Energiereserven abgesehen haben. Selbst wenn wir ihre Gruft fänden, es bringt nicht viel, den Zugang dazu zu vernageln – Graf Dracula und seine Horden sind ausgeflogen. Und nun lautet die große Frage: Wem gehen sie an den Hals? Etwa mir? Ziehe ich sie womöglich wie magisch an? Umgibt mich just jene Aura von Hilfsbereitschaft und Mitgefühl, die ihre Augen gierig funkeln lässt? Weist mich meine allzeit höflich-verbindliche Art als geradezu ideales Opfer für sie aus? Oder gibt es in meiner ansonsten gut geschützten Fassade irgendwo ein Schlupfloch, durch das eine Nebelgestalt mein Innerstes infiltrieren und sich darin zum Flaschengeist aufblasen könnte?

Nun ist es sicher nicht im Sinn der Sache, in Hysterie zu verfallen und jeden Menschen, den wir kennen lernen, als Erstes auf seine vampiristischen Neigungen hin zu überprüfen. Die ständige innere Habachtstellung würde uns unserer Offenheit, Spontaneität und Lebensfreude berauben. Letztlich würden wir uns damit also selbst schaden. Stärken wir aber unser energetisches Immunsystem, stellt sich automatisch eine größere Resistenz gegen Saugattacken ein. Flechten wir einen energetischen Knoblauchkranz, und legen wir ihn uns um den Hals. Dann bleiben uns die Menschen, die Vampire aber suchen das Weite.

# Von Lust und Unlust

Bevor wir uns mit der Errichtung eines Schutzschildes gegen saugende Schattenwesen befassen, sollten wir uns zunächst darüber klar werden, was wir überhaupt schützen wollen: Was genau ist dieser Lebenssaft, nach dem sich die Untoten verzehren? Was sind das für »Energien«, die uns da entzogen werden? Da wir uns hier auf die Ebene des Unsichtbaren, nicht konkret Fassbaren begeben, kann am ehesten ein Beispiel zur Verdeutlichung dienen:

Stellen Sie sich vor, Sie müssten die Unterlagen für Ihre Steuererklärung zusammensuchen (und Sie würden nicht gerade zu der verschwindend geringen Minderheit von Leuten gehören, die sich gern mit Finanzamtsangelegenheiten auseinander setzen). Der Abgabetermin rückt bedrohlich nahe, und der Zeitdruck sitzt Ihnen im Nacken. Diesen Sonntag muss es sein, da gibt es kein Entrinnen. Sie haben absolut keine Lust, die Sache in Angriff zu nehmen. Während Sie frühstücken, fallen Ihnen tausend Dinge ein, die Sie noch dringend tun müssten – Fenster putzen, Briefe schreiben, zum Tanken fahren ... –, aber Sie wissen, dass solche Gedanken nur Ablenkmanöver eines gemarterten Hirns sind. Wenn Sie ihnen jetzt nachgeben, werden die Papiere nie fertig!

Also geben Sie sich einen Ruck und stehen auf. Mit unendlicher Anstrengung überwinden Sie sich, den ersten Ordner aus dem Regal zu ziehen. Allein der Gedanke an all die vielen Belege, die es zu ordnen gilt, lässt ein Gefühl der Überforderung in Ihnen aufkommen. Sie empfinden eine bleierne Schwere. Jeder Handgriff ist mühsam ... Jede von uns kennt dieses Unlustgefühl – die eine empfindet es angesichts bürokratischer Verpflichtungen, in der anderen kommt es beim Anblick des Staubsaugers auf. Es gibt uns das Gefühl, urplötzlich um Jahre gealtert zu sein.

Und dann, nach einem langen, unendlich zäh verstreichenden Tag haben Sie es geschafft: Die unliebsame Pflicht ist erledigt. Die Unterlagen liegen fein säuberlich sortiert und geheftet vor Ihnen. Der Steuerberater wird zufrieden mit Ihnen sein. Glücklich (und vielleicht ein wenig länger als von der Sache her nötig) halten Sie den Papierstapel in den Händen. Dann recken und strecken Sie sich. In dem Augenblick klingelt das Telefon. Der Mann Ihrer Träume ruft an und lädt Sie zum Essen in Ihr Lieblingslokal ein. Das haben Sie sich wirklich verdient! Beschwingt und mit der Leichtigkeit einer Elfe im Zauberland tänzeln Sie zu Ihrem Kleiderschrank hinüber und ziehen Ihr schönstes Kleid vom Bügel. Es wird ein traumhafter Abend, eine perfekte Nacht, so schön wie seit langem nicht mehr. Und wenn Sie sich am nächsten Morgen im Spiegel anschauen, sehen Sie um zehn Jahre jünger aus.

Frau ist so alt, wie sie sich fühlt, heißt es. Und genau dieses Gefühl ist es, das Auskunft über unseren Energiepegel gibt. Aktivitäten, die uns zuwider sind, Themen, die uns langweilen, und Menschen, die uns nerven, ziehen uns Energie ab. Indikator ist das Unlustgefühl. Wir fühlen uns wie ausgelaugt. Der Körper reagiert mit bleierner Schwere.

Aktivitäten, die uns Spaß machen, Themen, die uns interessieren, und Menschen, die uns gut tun, spenden uns Energie. Indikator ist das Lustgefühl. Wir fühlen uns lebendig. Der Körper reagiert mit federnder Leichtigkeit.

## Der Sauger-Virus geht um

Kurzfristige Energieverluste, das heißt vorübergehende Saug- und Frustphasen, sind schon mit dem nächsten Lusterlebnis wieder ausgeglichen. Geht unsere Energiebilanz aber dauerhaft ins Minus – beispielsweise indem wir uns über Wochen und Monate hinweg einer unliebsamen Aufgabe widmen oder uns von einem Vampir aussaugen lassen –, blutet unser Energiekörper zunehmend aus. Wir fühlen uns innerlich hohl und ausgebrannt (Psychologen sprechen vom »Burnout«). Je weiter der Raubbau an unseren Kräften geht, je mehr also unsere energetischen Speicherzellen ausgezehrt werden, desto schwerer wird es, sie wieder aufzufüllen. Ein kurzes Lusterlebnis kann uns zwar vorübergehend aufmuntern, wirklich lebendig machen aber kann es uns nicht.

Dieses Phänomen der schleichenden Auszehrung ist gemeint, wenn von der Ansteckungswirkung des Vampirismus die Rede ist. Mit unseren Energievorräten ist es wie mit Batterien: Wenn zwei Batterien parallel geschaltet sind und eine energetisch geplündert ist, saugt sie der anderen den Saft ab. Am Ende sind dann beide leer, was in unserem Fall bedeutet, dass sowohl der Vampir als auch Sie jetzt in der Gruft hocken. Sie kennen mit Sicherheit das Phänomen: Wenn Sie mit jemandem zusammen sind, der ständig miese Laune hat, ist es langfristig kaum möglich, sich dem Sog ins Stimmungstief zu widersetzen.

## Unsichtbare Saugschläuche

Wie aber zapft uns ein Vampir an? Wie kann die Energie von einem Menschen zum anderen hinüberfließen? Das Schlüsselwort heißt: Aufmerksamkeit. Wo sie hingeht, da fließt auch unsere Energie hin. Kehren wir noch einmal für einen Moment an den Schauplatz Partnerschaft zurück, und versetzen wir uns in das Gefühl des frisch Verliebtseins hinein. In diesem Zustand gilt jeder wache Gedanke dem Angebeteten. Und damit der Energiestrom ja nicht abreißt, raubt er uns auch nachts noch den Schlaf. Sind wir zusammen, suchen wir extreme körperliche Nähe. Bei jeder Berührung spüren wir das Bitzeln von Energiefunken auf der Haut. Und so wie wir ihm all unsere Lustgefühle schenken, so saugen wir gierig die seinen auf. Der Austausch ist einvernehmlich, es ist ein freiwilliges Geben und Nehmen.

Der Vampir begnügt sich nicht mit dem, was wir ihm aus freien Stücken geben – selbst dann nicht, wenn wir in ihn verliebt sind. Er will mehr. Er will alles. Und so versucht er, uns in ein Netz von Abhängigkeiten zu verstricken. Mit jedem Geheimnis, das er uns entlockt, jeder Gefälligkeit, die er uns aufdrängt, und jeder Vertraulich-

keit, auf die wir uns einlassen, bohrt er einen unsichtbaren Saug-
schlauch in unsere Adern. Er pachtet damit den Anspruch auf unsere Aufmerksamkeit – und damit auf unsere Energie. Und so presst
er mehr Zuwendung aus uns heraus, als wir ihm eigentlich geben
wollen.

Doch müssen wir dem Sauger wirklich so viel Energie in den Rachen werfen? Letztendlich entscheiden wir selbst, wie viele (oder wenige) Gedanken wir uns über eine Sache machen. Es ist manchmal
nicht ganz einfach, im Augenblick der Begegnung mit dem Vampir
Gleichmut zu bewahren. Aber wenn wir uns noch Stunden danach
über ihn den Kopf zerbrechen – uns je nach seiner Masche mal über
ihn ärgern, mal um ihn sorgen –, dann hat er uns genau da, wo er
uns haben will: auf der Geberseite. Es liegt an uns, das Lager zu
wechseln.

## Visualisierungsübung

Wenn Sie sich kräftemäßig ausgezehrt und fremdbestimmt fühlen,
ist es an der Zeit zu prüfen, mit welchen Menschen Sie über unsichtbare Schläuche energetisch verbunden sind. In Phasen der
Überforderung empfiehlt es sich, sich regelmäßig einmal am Tag an
einen ungestörten Platz zurückzuziehen und mit geschlossenen Augen folgenden Film vor Ihrem geistigen Auge ablaufen zu lassen
(diese Übung können Sie auch gut abends vor dem Einschlafen machen):

*Achten Sie zunächst auf Ihren Atem, wie er ein- und wieder ausströmt.
Mit jedem Einatmen fließt Entspannung in Sie hinein, und bei jedem
Ausatmen strömt Anspannung aus Ihnen heraus, bis Sie schließlich ganz
ruhig sind.*

Und nun wenden Sie Ihre Aufmerksamkeit Ihrem Herzen zu. Hier be-
findet sich das zentrale Energiezentrum, von dem all unsere emotionalen
Verbindungen zu anderen Menschen ausgehen. Stellen Sie es sich wie eine
Blüte vor, die Sie allein mit der Kraft Ihres Willens öffnen und wieder
schließen können.

Und während sich die Blüte nun öffnet, spüren Sie, wie von außen ein
heller, warmer Sonnenstrahl in Sie dringt und sich ein angenehm wohli-
ges Gefühl in Ihnen ausbreitet.

Wie Sie so in Ihr Herz hineinspüren, entdecken Sie auf einmal, dass
eine ganze Reihe von mal dünnen und mal dicken Verbindungsschläu-
chen von hier aus zu anderen Menschen führen. Über manche fließt Energie zu Ihrem Herzen hin, über andere fließt Energie von Ihrem Herzen
weg. Schauen Sie bei jedem einzelnen der Schläuche genau hin, ob das
Geben und Nehmen zwischen Ihnen und der betreffenden Person ausgeglichen ist.

Wenn Sie bei einem Menschen das Gefühl haben, mehr zu geben, als
Ihnen lieb ist, dann stellen Sie sich vor, wie Sie den Durchfluss der Energie drosseln, indem Sie eine Art Schlauchbinder anlegen und den Durch-
messer auf das Maß reduzieren, das Ihnen richtig erscheint. Wenn Sie
dann immer noch den Eindruck haben, als ginge Ihnen zu viel Energie
verloren, können Sie den Schlauch auch ganz abnehmen.

Machen Sie es genau so, wie es richtig für Sie ist, und dann verschließen Sie ganz bewusst die Blütenblätter dieses Energiezentrums, damit keiner der herausgenommenen Schläuche unversehens wieder andocken
kann.

Gleichzeitig spüren Sie wieder dieses warme, helle Licht, das Ihr Herz
nun von allen Wunden heilt. Und nach einer Zeit leuchtet es auch über
Ihrem Kopf auf und beginnt, an Ihrem ganzen Körper hinabzufließen,
über die Schultern, den Oberkörper und die Hüften bis hinunter zu den
Beinen und den Füßen. Es hüllt Sie in einen unsichtbaren Schutzmantel
ein, und Sie wissen: Nichts kann Ihnen geschehen, was Sie nicht selbst zulassen.

Wann immer Sie einen Energiesauger auf sich zukommen sehen, verschließen Sie ganz bewusst die Blütenblätter des Energiezentrums in Ihrem Herzen. Das dauert nur eine Sekunde und erschwert ihm das Andocken ungemein.

## Die Verbindung kappen

Um an unsere Energievorräte zu kommen, muss der Vampir in Kontakt mit uns sein. Je dichter wir ihn an uns heranlassen, desto tiefer kann er seine Beißwerkzeuge in unser Fleisch versenken. Um uns vor seinen Übergriffen zu schützen, ist also alles recht, was uns auf Abstand zu ihm bringt, das heißt:

- Meiden Sie seinen Blick, wenn er Sie anspricht, statt ihm bestätigend in die Augen zu schauen.
- Treten Sie einen Schritt zurück, wenn er dicht an Sie herankommt.
- Wenden Sie sich ab, wenn er sich Ihnen zuwendet.
- Gehen Sie weg, wenn er Sie mit seinen Überredungskünsten oder Drohungen an Ort und Stelle festnageln will.
- Halten Sie bei Telefonvampirismus den Hörer auf Abstand, wenn die Duldungsstarre Sie verleitet, ihn so fest gegen die Ohrmuschel zu pressen, dass Sie Druckstellen bekommen.

## Wie sinnvoll setzen Sie Ihre Energien ein?

Sauger verfügen über einen sechsten Sinn für angeschlagene Energiekörper, und so sind wir in Phasen, in denen es uns ohnehin nicht sonderlich gut geht, besonders anfällig für Saugattacken. Fühlen wir uns stark und rundum wohl, kann uns kaum etwas aus der Bahn werfen. Die Sticheleien des Vampirs tangieren uns nur wenig. Wir reagieren nicht sonderlich darauf und verweigern ihm damit die Zuwendung, die er sucht. Wie sehr er sich auch bemüht, er kann einfach nicht andocken. Sind wir aber (nach längeren Unlustphasen) energetisch angegriffen, wird jeder noch so kleine Übergriff zum Härtetest. Wir bäumen uns vehement dagegen auf, weil wir uns keinen weiteren Kraftverlust leisten können. Unser Unlustgefühl ist massiver als sonst. »Auch die noch!«, stöhnen wir entsetzt, wenn wir Vampirella auf uns zukommen sehen. »Die hat mir gerade noch gefehlt!« Aber weil wir müde und erschöpft sind, fällt es uns schwer, sie kurz abzufertigen. Unsere Unlust ist des Saugers Lust.

Würde es uns gelingen, unseren Energiepegel konstant im »Wohlfühlbereich« der Lustgefühle zu halten, wären wir folglich gegen Vampirattacken gefeit. Doch in der Praxis erweist sich dies meist als frommer Wunsch. Es gibt keinen Alltag ohne kräftezehrende Frusterlebnisse oder Konfrontationen, und nicht immer kann alles Spaß machen. (Ganz abgesehen davon, dass es sterbenslangweilig wäre, ein Leben lang auf der rosa Wolke zu sitzen.) So kommt es nicht darauf an, den ewigen Gleichklang zu suchen, sondern unsere begrenzten – und darum kostbaren – Energien bewusst einzusetzen, verborgene Lecks aufzuspüren und zu beseitigen und unsere Batterien regelmäßig aufzufüllen.

Nicht nur Vampire können an unseren Kräften zehren. Auch Probleme oder der tagtägliche Kleinkram können uns im Nacken sitzen. Was überwiegt in Ihrem Leben: die Lust oder die Unlust?

Notieren Sie über eine bestimmte Zeit hinweg möglichst detailliert, womit Sie Ihre Tage verbringen. Überlegen Sie sich jeden Abend, was von all den Aktivitäten wirklich wichtig, nützlich oder hilfreich war und was Sie sich eventuell hätten sparen können. Mit »Aktivitäten« sind hier durchaus auch wenig aktive Dinge wie Faulenzen, Lesen oder Meditieren gemeint.

Schreiben Sie auch auf, welches Gefühl Sie bei den einzelnen Aktivitäten hatten. Was war besonders anstrengend? Worüber haben Sie sich geärgert? Fühlten Sie sich bei bestimmten Arbeiten womöglich ausgenutzt oder im Stich gelassen? Was hat Ihnen gut getan oder Spaß gemacht?

Fertigen Sie anhand Ihrer Aufzeichnungen eine Energiebilanz an:

| Positiv | Negativ |
|---|---|
| **Notieren Sie hier alles, was Ihnen Kraft gibt:** Spazieren gehen, lesen, Musik hören, Fotos ins Album kleben oder was auch immer Ihnen persönlich ein gutes Gefühl gibt. | **Notieren Sie hier alles, was Ihnen Kraft raubt:** Beziehungsdiskussionen, Autofahren im Stoßverkehr, manche Hausarbeiten, bestimmte Fernsehsendungen oder was auch immer Ihnen persönlich ein schlechtes Gefühl gibt. |
| **Merkmale:** Sie sind so in die Aktivität vertieft, dass Sie die Zeit vergessen; am Ende fühlen Sie sich energiegeladen, fit und munter. | **Merkmale:** Die Aktivität langweilt, ärgert oder nervt Sie. Sie sind am Ende müde, gereizt oder fix und fertig. |

Wenn Ihre Energiebilanz dauernd im negativen Bereich ist, werden Sie zur idealen Beute. Wer ausblutet, zieht die Haie an. Unterziehen Sie alle Negativ-Aktivitäten auf Ihrer Liste einer sorgfältigen Prüfung. Was ist überflüssig und kann gestrichen werden? Und bauen Sie gezielt mehr Positiv-Aktivitäten in Ihr Leben ein, denn mit allem, was Ihnen gut tut und Ihnen Freude macht, drängen Sie Dracula ein bisschen weiter zurück in seine Gruft.

## Stress lass nach!

Wir leben in einer paradoxen Zeit: Auf der einen Seite wissen wir, wie wichtig es ist, uns Ruhe zu gönnen und uns Zeit für uns selbst zu nehmen, auf der anderen Seite aber haben wir das Gefühl, nur dann wirklich salonfähig zu sein, wenn wir viel beschäftigt sind. Von einem Termin zum anderen zu hetzen ist zum Markenzeichen der Erfolgreichen geworden, und wer sich gemächlich durchs Leben bewegt, erscheint uns irgendwie dubios. (Probieren Sie es aus. Studieren Sie die Reaktionen Ihrer Freundinnen, wenn Sie mitten im allgemeinen Ich-hab-so-viel-zu-tun-Gejammer verkünden: »Ich mache nur ganz wenig.«)

Statt Energielecks zu stopfen, solange sie noch ganz klein sind, halten wir es für erstrebenswert, uns möglichst lange mit ihnen zu arrangieren – gerade so, als würden sie sich dadurch von allein verschließen.

Statt eine niedrige Leidenstoleranz anzustreben, erscheint uns eine hohe Leidenstoleranz wünschenswert (denken wir nur an das Idealbild der klaglos sich aufopfernden Mutter, das immer noch in unseren Köpfen herumspukt), und so halten wir still, wenn unser Körper Kraftverlust meldet. »Das halte ich locker aus«, reden wir uns ein und machen weiter wie bisher. Ruhe geben wir meist erst dann, wenn die Auszehrung so massiv geworden ist, dass wir sie nicht länger ignorieren können.

Dabei ist es nicht der Stress selbst, der unsere Energievorräte plündert. Selbst unter extremem Zeit- und Arbeitsdruck können wir stark und stabil bleiben. Es hängt von der Art der Herausforderung ab: Wenn uns das, was wir tun, interessiert, fasziniert oder wichtig erscheint und wir das gute Gefühl haben, alle Fäden in der Hand zu halten, kann die Anstrengung belebend wirken und damit ein Lusterlebnis sein. Wenn aber unsere Gedanken immer wieder sorgenvoll um eine Sache kreisen, wenn wir vor lauter Hetze auch nach Feierabend noch permanent vibrieren, wenn uns das, was wir tun, anödet, frustriert oder überfordert, kann der Energiepegel schnell in den roten Bereich absacken. Gegen diese Art von Stress sollten wir möglichst schnell etwas unternehmen.

Wenn es Ihnen also immer wieder passiert, dass Sie sich kräftemäßig total überfordern und Sie sich keine Regenerationsphasen gönnen, dann überprüfen Sie Ihr Bild vom Sinn oder Unsinn des Vielbeschäftigtseins. Schreiten Sie sofort ein, wenn Sie bemerken, dass Ihnen eine Sache unnötig viel Kraft abverlangt. Oft reichen dann schon minimale Korrekturen aus – ein klares Wort zur rechten Zeit kann Wunder wirken.

Die Alternative? Weitermachen wie bisher. Die Sauger würden sich freuen. Wozu sollten sie die Peitsche schwingen, wenn Sie selbst es tun?

## Wer ist die Größte im ganzen Land?

»Ich natürlich!«, denken wir manchmal. »Oder doch nicht?«, zweifeln wir ein andermal. Ob wir es bewusst wahrnehmen oder nicht, wann immer wir mit anderen Menschen zu tun haben, fangen wir an zu vergleichen. Kann er es besser oder ich? Ist sie klüger/schöner/schlanker/jünger oder ich? Oder: Wie kann er das nur auf diese Weise tun? Ich an seiner Stelle würde es ganz anders machen. Und dann wiederum: Was die alles kann! Dazu wäre ich niemals fähig!

Diese innere Auseinandersetzung hilft uns, unsere Position im sozialen Umfeld ständig neu auszuloten und unsere Fähigkeiten möglichst genau einzuschätzen, sodass wir wissen, was wir uns zutrauen können und was nicht. Manchmal aber kann sie uns in eine Falle führen: Wenn wir beim Nonstop-Wettbewerb nur eine einzige Schwachstelle an uns entdecken (»Hilfe, meine Beine sind zu dick!«), haken wir uns mit unseren Gedanken oft gnadenlos daran fest. Fortan starren wir unausgesetzt auf unsere »Problemzone« und übersehen all die wunderbaren Eigenschaften, die keinen Vergleich zu scheuen brauchen.

Ob füllige Schenkel, mangelndes Sprachentalent oder vermeintliche Kompetenzlücken – überall dort, wo die polierte Schale unseres Selbstbewusstseins angeknackst ist, bieten wir den Vampiren Angriffsflächen. Ganze Geschäftszweige machen fette Gewinne aus unseren Minderwertigkeitsgefühlen: die Fitnessbranche, die Kosmetikindustrie, die Schönheitschirurgie, die Modedesigner ...

Aber nicht nur die gewerblichen Sauger docken an unseren subjektiv wahrgenommenen Schwächen an. In vorauseilendem Gehorsam springen wir nach den Wünschen des Chefs, noch bevor er sie geäußert hat, weil wir befürchten, er könnte uns sonst für unfähig halten. Aus Angst, als egoistische Rabenmutter dazustehen, erheben wir unsere Kinder vorsorglich in die Rolle von Prinzen und Prinzessinnen. Und nur, damit uns die Freundin nicht als geizig empfindet, geben wir in ihrem Beisein dreimal so viel Trinkgeld, wie wir uns leisten können.

Vampire haben ein ausgezeichnetes Gespür dafür, an welcher Stelle wir am anfälligsten für Selbstzweifel sind, und sie verstehen es meisterlich, daraus Kapital zu schlagen. Neben der Stabilisierung des Energiehaushaltes ist daher die Bewahrung – bzw. der Aufbau – eines gesunden Selbstbewusstseins der zweite wichtige Schritt, um einen energetischen Schutzschild errichten zu können.

## Checkliste: Selbstbewusstsein

- Bin ich zufrieden mit meinem Körper, oder entdecke ich überall »Problemzonen«, sodass ich mich am liebsten verstecken würde?
- Fühle ich mich wohl und sicher im Umgang mit anderen Leuten, oder frage ich mich ständig, welchen Eindruck ich wohl auf sie mache?
- Gehe ich spontan auf Menschen zu, oder halte ich mich lieber zurück, weil ich mich niemandem zumuten will?
- Nehme ich die anderen wie sie sind, oder suche ich ständig nach Kritikpunkten, um sie im Vergleich zu mir kleiner und unbedeutender erscheinen zu lassen?
- Gelingt es mir, in Konflikten mit Nachdruck meinen Standpunkt zu vertreten, oder weiche ich beim kleinsten Gegenargument zurück?
- Kann ich mich flexibel auf neue Situationen einlassen, oder bleibe ich hartnäckig auf dem einmal eingeschlagenen Weg, aus Angst, das Heft sonst nicht mehr in der Hand zu halten?

## Allein im stillen Kämmerlein

... können wir uns nur sehr schwer davon überzeugen, dass wir gut und wertvoll sind, wenn wir nicht ohnehin schon daran glauben. Je mehr unser Selbstbewusstsein gelitten hat, desto dringender sind wir auf den Rückhalt und die Bestätigung anderer Menschen angewiesen, um uns unserer eigenen Qualitäten zu versichern. Die Meinung derer, die uns nahe stehen, zählt dabei oft weniger als die von Fremden. Ob Partner oder Freundin, wer uns vertraut ist, ist parteiisch und rückt nur selten vorbehaltlos ehrlich mit der Sprache heraus. Ein Lob von dieser Seite tut zwar gut, erscheint uns aber – gerade wenn wir ohnehin von Selbstzweifeln geplagt werden – doch irgendwie suspekt. Fehlen uns andere Möglichkeiten, uns Bestätigung von außen zu holen, können darum Seminare zur Persönlichkeitsentfaltung und Stärkung des Eigenwerts eine durchaus nutzbringende Alternative sein. Doch wo auch immer Sie einen Kurs buchen: Bleiben Sie kritisch, und erkundigen Sie sich vorab genau nach den Inhalten und Kosten. Das Seminargewerbe zieht, wie gesagt, Guru-Vampire an.

Ausgesprochen hilfreich sind auch ganz normale Selbstverteidigungskurse, wie sie von Sportvereinen und Volkshochschulen angeboten werden. Dort lernen Sie nicht unbedingt zu kämpfen wie Buffy, dieses Superweib aus dem Fernsehen, das mit gewandten Kungfu-Schlägen die Dämonen zum Teufel jagt. Was vermittelt wird, sind simple Strategien, mit denen Sie sich im Notfall Ihrer Haut erwehren können. Und wer sich wehren kann, tritt automatisch selbstbewusster auf. Allein das Wissen um die eigene Kraft verändert die Ausstrahlung. Probieren Sie es aus! Die Vampire werden Sie meiden!

## An Gipfelstürmern saugt man nicht

Noch weitaus wichtiger als die Bestätigung von außen aber ist die Selbstbestätigung, jene innere Genugtuung, die wir empfinden, wenn wir etwas Großartiges geschafft oder auf die Beine gestellt haben. Sie ist einer der besten Schutzmäntel gegen vampiristische Übergriffe, denn wenn wir stolz auf uns sind, dann sind wir unangreifbar. Dann kann uns keiner kommen. Dann wirft uns nichts aus der Bahn.

Wann sind Sie zum letzten Mal stolz auf sich gewesen? Erst gestern? Oder ist es bereits so lange her, dass Sie sich kaum noch daran erinnern können? Dann ist es höchste Zeit, etwas zu tun! Wagen Sie sich an neue Herausforderungen heran. Was wollten Sie schon immer einmal tun – und haben es dann (aus Bequemlichkeit oder Angst) doch nicht getan? Packen Sie es an! Nur in schwierigen Situationen können Sie sich beweisen. Und: Selbst ein Teilsieg ist besser als gar kein Sieg.

Wenn Ihre gegenwärtige Lebenssituation kaum Spielraum für Abenteuer bietet, dann ändern Sie etwas. Sie brauchen nicht gleich zum Pionier werden und die Weiten des Westens im Planwagen erobern. Probieren Sie einfach etwas Neues aus: Ändern Sie Ihren Kleidungsstil, gehen Sie in ein unbekanntes Restaurant statt immer zum gleichen Italiener an der Ecke, wählen Sie ein neues Urlaubsziel aus ...

Auch sich auf neue Leute einzulassen ist jedes Mal ein kleines Abenteuer. Bewegen Sie sich ganz bewusst in neue Kreise hinein, beispielsweise indem Sie Vorträge oder Kurse besuchen. Und probieren Sie im Kontakt mit Fremden ungewohnte Verhaltensweisen aus. Auf neutralem Terrain ist es oft leichter, mit anderen Facetten der eigenen Persönlichkeit zu spielen als im vertrauten Umfeld, wo Veränderungen im Verhalten oft Befremden hervorrufen. Trauen Sie sich! Sie werden mit jedem Schritt mutiger werden. Und jedes Mal, wenn Sie nach vorne gehen, weicht Dracula ein Stück zurück.

## Die Kummerkastenfrau

Energiesauger gieren nach der Aufmerksamkeit anderer Menschen, und so lieben sie vor allem jene, die gut zuhören können und nie um einen Rat verlegen sind. Ob Häschen, Bewunderer oder Schnorrer – wer vampiristisch veranlagt ist, weiß ganz genau, bei wem er Lebensberatung zum Nulltarif bekommt: bei der Kummerkastenfrau, die ihre Selbstbestätigung darin sucht, den Gestrandeten und Gestrauchelten dieser Welt wieder auf die Beine zu helfen. Kommen diese auch nur einen Millimeter auf ihrem Pfad voran, weiß sie, dass sich ihr Einsatz gelohnt hat.

Nun suchen sich die Vertreter der Sauger-Gilde den mühevollsten Weg mit der größtmöglichen Zahl von Hindernissen, um die Rückschlagquote zu maximieren und den Erfolg so lang es geht hinauszuzögern oder ganz zu vereiteln. Sie bewegen sich durchs Leben nach dem Motto: »Einen Schritt vor und zwei zurück!« Würden sie ihre Probleme überwinden, hätten sie ja keinen Vorwand mehr zum bequemen Saugen.

Wenn Sie immer wieder in die Rolle der weisen Ratgeberin geraten und Sie sich von Ihren »Sorgenkindern« ausgeplündert fühlen, ist es an der Zeit, für einen Ausgleich von Geben und Nehmen zu sorgen. Machen Sie Ihr Hobby zum Beruf! Lassen Sie sich zur professionellen Beraterin ausbilden, und arbeiten Sie ab sofort gegen Honorar. Die Sauger bleiben sofort weg, wenn sie zahlen müssen. Wer ihre »Freundschaft« verschmäht (und sie wie einen ganz normalen Klienten behandelt), den verschmähen auch sie.

# Wo ein Wille ist, ist auch ein Weg

Die Draculas dieser Welt haben wenig Substanz, so wenig, dass sie sich nicht einmal im Spiegel sehen, sprich: sich selbst reflektieren können. Sie erkennen sich (und ihre Sauger-Natur) nicht, sie wissen nur eines: dass sie saugen wollen. Haben wir sie einmal durchschaut, müssten sie allein dadurch ihre Macht verlieren. Einmal kräftig gepustet, und der Spuk sollte vorüber sein. Eigentlich.

Warum aber kostet es uns dann oft unendliche Überwindung, uns aus den Fängen dieser Schattenwesen zu befreien? Was hält uns davor zurück, ihnen die Stirn zu bieten, die Pflöcke zu zücken und sie ihnen mit einem gezielten Stoß ins Herz zu rammen? Unsere Skrupel sind es, die uns zaudern lassen – Skrupel, dem anderen wehzutun, Skrupel, unhöflich zu wirken, Skrupel, einen Konflikt heraufzubeschwören. Und solange die Skrupel uns im Griff haben, solange klafft ein riesiges Loch in unserem energetischen Schutzschild.

Die Gattung Homo sapiens unterteilt sich in zwei Arten: Den aggressiven Homo sapiens vampiricus, der bei jeder Gelegenheit ungeniert zubeißt, und den opferbereiten Homo sapiens victimus, der sich aufgrund seiner ausgeprägten Beißhemmung als leichte Beute anbietet. Was heißt hier Beißhemmung?! Die Vertreter dieser Art trauen sich noch nicht einmal, ihre Zähne zu zeigen! So groß ist ihr Harmoniebedürfnis, dass sie vor jeglicher Konfrontation zurückscheuen. Egal, wie dreist Vampiricus fordert, Victimus nickt.

Wenn Sie zu letzterer Subspezies zählen: Wie lange wollen Sie sich noch ausplündern lassen? Noch eine Woche, einen Monat, ein Jahr? Oder dreißig Jahre? Wann wollen Sie Ihre Grenze ziehen? Wann setzen Sie den Sauger vor die Tür? Sie können den Hals hinhalten, solange Sie wollen – seinen Blutdurst werden Sie niemals stillen. Je mehr Sie ihn saugen lassen, desto gieriger wird er.

## Vor der Tat steht der Entschluss

Ganz gleich, auf welchem Schauplatz wir dem Vampir begegnen – wenn wir ihm wirklich den Garaus machen wollen, dürfen wir nicht zögern und zaudern. Vor der Konfrontation mit dem Sauger steht darum der Kampf mit dem inneren Schweinehund (auch der ist ein treuer Vasall der Draculas), der uns mit seinen Kannst-du-nicht- und Darfst-du-nicht-Parolen im Bann zu halten versucht. Irgendwann, so redet er uns ein, ginge der Vampir von alleine weg. Mit diesem Versprechen rennt er bei uns offene Türen ein, lässt uns doch unsere angeborene Trägheit vor jeder anstrengenden Auseinandersetzung zurückschrecken.

Glauben Sie ihm nicht! Denn erstens wird der Vampir niemals von sich aus das Weite suchen, solange noch Blut in Ihren Adern fließt. Und zum anderen ist der permanente Aderlass, dem er Sie aussetzt, wesentlich kraftraubender als jede noch so mühsame Konfrontation. Früher oder später müssen Sie die Auseinandersetzung doch führen, wenn Sie nicht ganz vor die Hunde gehen wollen. Warum tun Sie es also nicht gleich?

Steht Ihr Entschluss? Dann nichts wie los! Überlegen Sie nicht lange! Ihr innerer Schweinehund schläft nur, tot ist er nicht. Handeln Sie also gleich! Was auch immer Ihnen spontan als Abwehrreaktion auf die Schröpfattacken Ihres Peinigers einfällt, probieren Sie es aus. Sie brauchen keine eleganten Kurven zu fliegen, keine bühnenreifen Florettkämpfe zu vollführen, keine genialen Schachzüge zu tun. Alles ist besser als Untätigkeit, denn die wird gnadenlos als Einladung zum Weitersaugen gewertet.

## Bloß nicht so zimperlich!

Wenn Sie von sich auf andere schließen und glauben, ein Vampir sei ein sensibles Wesen, dann irren Sie. Es reicht nicht, zart mit dem Pflock zu winken, um ihn in die Flucht zu schlagen. Er muss den Hammerschlag spüren, vorher gibt er keine Ruh'.

Nehmen wir an, Vampirella X ist bei uns zu Gast. Wir haben wieder einmal viel zu lange stillgehalten und uns aussaugen lassen. Es ist schon spät, und wir sind unendlich müde. Demonstrativ gähnen wir. Einmal, ein zweites Mal ... »Ja, merkt die denn nicht, dass ich ins Bett will?«, fragen wir uns verzweifelt. Nein, sie merkt es nicht! Was sie merkt, ist etwas ganz anderes: dass nämlich unsere Energie munter zu ihr hinübersprudelt. Ein überaus prickelndes Gefühl gibt ihr das. Welch ein herrlicher Abend, ach würde er nur endlos währen!

Wenn Vampirella es nicht von sich aus spürt, müssen wir es also doch in Worte fassen. Wir passen eine der seltenen Atempausen in ihrem Monolog ab und werfen vorsichtig ein: »Du, ich bin auf einmal so müde.« Keine Reaktion. Der Monolog geht weiter. Die nächste Lücke, zehn Minuten später: »Jetzt muss ich aber wirklich ins Bett.« Ein kurzes irritiertes Zucken der Augenbraue. Ins Bett?! Wo wir uns doch gerade so angeregt unterhalten?! Kopfschütteln. Und schon geht der Redefluss weiter.

Was auch immer wir sagen, Vampirella hört uns nicht, solange wir zaghaft und zögerlich sind. Fassen wir also den Entschluss: Ich will jetzt ins Bett!!! Stehen wir auf.

»Jetzt muss ich dich aber vor die Tür setzen!« Dann im Eilschritt zur Garderobe, um ihren Mantel zu holen. »Da!« Und die Handtasche: »Da!«

Sie muss völlig verdattert sein, nur dann steht sie auf.

»Ja, dann …«, stottert sie und greift nach ihren Siebensachen. Der schöne Abend ist vorbei. Gute Nacht!

Eine halbe Minute später ist sie draußen. Na, also! Hat doch geklappt!

## Bitte nicht lächeln!

Vampire sind also unsensibel – aber nur, was die Gefühle der ausgesaugten Opfer anbelangt. An anderer Stelle nämlich können Sie höchst feinfühlig sein. So spüren sie etwa mit empfindlichen Antennen jede kleinste Lücke in unserem Schutzschild auf – beispielsweise dort, wo uns körpersprachliche Doppelbotschaften angreifbar machen.

Nehmen wir Vampir Werner. Er geht uns tierisch auf die Nerven, weil er uns bei jedem Gespräch viel zu dicht auf die Pelle rückt und uns seinen üblen Atem ins Gesicht haucht. Wenn wir ihn auf uns zukommen sehen, würden wir ihn am liebsten am langen Arm auf Distanz halten. »Bleib mir bloß vom Leib!«, so möchten wir ihm entgegenschleudern. Doch Werner überrollt unser Abwehrsystem wie ein Panzer. Was sich ihm entgegenstellt, wird platt gemacht.

Und wie reagieren wir? Wie es uns Frauen von klein auf beigebracht wurde. Wann immer wir nicht weiterwissen, lächeln wir. Und Werner strahlt zurück.

Und statt einen Schritt zurückzutreten und uns resolut Abstand zu verschaffen, ziehen wir ob seiner Vehemenz unwillkürlich den Kopf ein und machen uns klein. Wie niedlich, denkt Werner. Streicht uns das Haar in den Nacken und beißt genüsslich in unseren Hals.

Achten Sie bei der nächsten Attacke einmal ganz bewusst auf Ihre Körpersprache. Knicken Sie nicht ein, wenn der Vampir Sie anbläst. Zeigen Sie sich in Ihrer ganzen Größe! Er mag keine wehrhaften Frauen, die ihm die Ellenbogen in die Rippen stoßen. Denn gerade was ihn selbst angeht – da ist er sehr empfindlich!

## Visualisierungsübung

Versetzt ein Vampir Sie immer wieder mit seinem aggressiven, fordernden Auftreten in Duldungsstarre, empfiehlt es sich, sich über ein bis zwei Wochen hinweg regelmäßig einmal am Tag an einen ungestörten Platz zurückzuziehen und mit geschlossenen Lidern den folgenden Film vor Ihrem geistigen Auge ablaufen zu lassen. Mit der Zeit löst sich dabei Ihre lähmende Angst, und Sie gewinnen Ihre Handlungsfähigkeit zurück:

*Achten Sie zunächst auf Ihren Atem, wie er ein- und wieder ausströmt. Mit jedem Einatmen fließt Entspannung in Sie hinein, und bei jedem Ausatmen strömt Anspannung aus Ihnen heraus, bis Sie schließlich ganz ruhig sind.*

*Und nun lassen Sie in Ihrer Vorstellung das Bild des Vampirs entstehen, wie er Sie anschreit oder auf andere Weise einschüchtert. Vergegenwärtigen Sie sich auch die Gefühle, die sein Verhalten in Ihnen auslöst. Selbst wenn Ihnen die Erinnerung unangenehm ist, malen Sie sich das Bild in allen Details aus, und schauen Sie sich die Situation genau an.*

*Und wenn Sie den Vampir ganz deutlich vor sich sehen, dann ist es an der Zeit, ihn bewusst in den Hintergrund treten zu lassen. Sehen Sie zu, wie er sich umdreht und geht. Und in dem Maße, wie er kleiner und immer kleiner wird, wird auch das Licht ringsum immer dunkler, bis der Vampir schließlich ganz im Dunkel der Nacht verschwunden ist.*

*Schauen Sie noch eine Weile in die Dunkelheit hinein, um sich zu vergewissern, dass er auch wirklich gegangen ist. Und wenn Sie die Augen wieder öffnen, tun Sie es in der Gewissheit, dass Ihr Unbewusstes aus unangenehmen Erfahrungen lernen kann und es in der Zukunft die richtigen Konsequenzen ziehen wird.*

## Besser auf Krücken als gar nicht laufen

Manchmal sehen wir einen Vampir auf uns zukommen und sind fest entschlossen, ihn gleich wieder loszuwerden – koste es, was es wolle. Eiskalt! Aber in unserem Hirn herrscht absolute Leere (die Duldungsstarre wirkt). Es fällt uns nichts ein, womit wir den Peiniger in die Flucht schlagen könnten. Nichts, aber auch gar nichts ...

Bis auf ... Na ja, da wären noch die Notlügen. Toll sind sie nicht, wo wir uns doch vorgenommen haben, allzeit ehrlich zu sein. Aber sie nützen!!!

»Ich steh schon im Mantel da, wollte gerade aus dem Haus gehen. Reden wir lieber ein andermal!« Und schon haben wir den Hörer aufgelegt und den Telefonvampir zum Teufel gejagt.

»Ich hab ja solche Kopfschmerzen! Ich muss dringend ins Bett«, schwindeln wir mit ersterbender Stimme, die Hand theatralisch gegen die Stirn gepresst. Und flugs haben wir uns aus dem Bannkreis des Saugers herausgeschlichen. So einfach ist das.

Zugegeben, nicht unbedingt ein gerader Weg. Aber vergessen Sie nicht: Sie sind in einer Notwehrsituation. Und da ist vieles erlaubt, was wir uns sonst verbieten würden.

## Flankenschutz

Nun achten wir also peinlichst darauf, uns nach allen Seiten hin zu schützen, setzen vampiristische Schnorrer beherzt vor die Tür, schlagen Häschen mit Sauggebiss mutig in die Flucht und bieten, wenn's denn sein muss, sogar Heiratsschwindlern konsequent die Stirn. Nenn uns den Vampir, wir nehmen es mit ihm auf!

Und dann kommt eines lauen Sommerabends eine »gute Freundin« und Kollegin auf ein Gläschen Wein vorbei. Wir wissen, was für eine falsche Schlange sie ist, doch wie wir so draußen auf der Terrasse sitzen, duftet die Nacht so betörend süß, und der romantische Schein des Windlichts taucht alles in ein mildes Licht. Ob's am Wein liegt oder an der Luft – auf einmal taucht das Thema Männer auf. Und als ob wir neben uns stünden, hören wir uns auf einmal von Julian Schmidt, dem Leiter der Personalabteilung, schwärmen. So einen wie den, das sei gewiss, den würden wir nicht von der Bettkante stoßen ...

Die Vampirfrau verzieht keine Miene, nur das Flackern in ihren Augen verrät ihre Lust an diesem Moment: Ha! Jetzt hab ich sie! Welch eine Information! Gierig streift ihre gespaltene Zunge über die spitzen Zähne. Und wir wissen: Mit diesem Geständnis haben wir eigenhändig einen riesengroßen Spalt in unserem energetischen Schutzschild verursacht. Morgen werden in der Firma die Spatzen von den Dächern pfeifen, dass wir in diesen Typen verknallt sind. Und die »Freundin« wird keine Gelegenheit verstreichen lassen, uns jede erdenkliche Form von Peinlichkeit zu bereiten.

Noch einmal wird uns das nicht passieren! Wer uns einmal verraten hat, mit dem reden wir nicht über andere. Dem vertrauen wir kein Geheimnis mehr an. Wer als Vampir enttarnt ist, der macht uns zur Sphinx: rätselhaft, verschwiegen und unnahbar. Wenn wir überhaupt mit ihm sprechen, dann ist das Wetter ein gutes Thema. Konsequenter Smalltalk auf flachster Ebene – das ist der beste Schutz vor solchen Attacken.


## Der innere Vampir


Nehmen wir einmal an, alle Gefahr sei gebannt und Dracula läge gepfählt im Sarg. Damit wären wir am Happy End angelangt. Oder etwa doch nicht? Manch eine von uns sieht immer noch beängstigend blass und ausgezehrt aus. Ihr ist alles zuviel, und manchmal würde sie sich am liebsten selbst – zumindest vorübergehend – in den weich gepolsterten Sarg legen, um wenigstens einen Moment lang Ruhe zu haben.

Nehmen wir Mara. Sie hat viel zu tun. Aber wenn ihr wirklich einmal Zeit zum Faulenzen bleibt, hält sie nichts auf dem gemütlichen Sofa. Zuerst entdeckt sie die Wollmäuse in der Ecke hinter dem Fernseher und spurtet los, um den Staubsauger zu holen. Dann – sie hat sich gerade wieder hinsinken lassen – fällt ihr siedendheiß ein, dass sie vergessen hat, frisches Brot fürs Abendessen zu besorgen.

Kaum ist sie von der Bäckerei zurück, gerät die Glastür des Wohnzimmerschranks in ihr Visier. Wer hat darauf schon wieder seine fettigen Fingerabdrücke hinterlassen?! Und schon hat sie den Wischlappen in der Hand ...

Geht es Ihnen wie Mara? Haben Sie manchmal den Eindruck, als würde Sie jemand in jeder ruhigen Minute mit lauter kleinen Nadelstichen traktieren, damit Sie nur ja nicht entspannen können? Wer Sie da piekst, ist Draculas heimlicher Bruder: Ihr innerer Vampir. Nicht nur Sie haben ihn. Wir alle haben ihn. Er lässt uns stunden-, tage-, wochenlang über längst vergangenen Ärger grübeln, hetzt uns nach jeder Entscheidung Selbstzweifel auf den Hals, treibt uns ständig zur Eile an, nörgelt bei jeder Gelegenheit an uns herum und flüstert uns immer den einen Satz zu: »Was du dir nicht im Schweiße des Angesichts erarbeitet hast, hast du nicht verdient!«

Hält uns der innere Vampir am Wickel, bluten wir weiter aus, auch wenn wir allen anderen Saugern erfolgreich den Garaus gemacht haben. Was nützt ein energetischer Schutzschild, den wir nach außen hin errichten, wenn sich der Ausbeuter in unserer Kommandozentrale eingenistet hat? Noch ein letztes Mal müssen wir also die Pflöcke auspacken und auf Vampirjagd gehen. Der große Showdown findet in unserem Inneren statt.

## Jedem Topf sein Deckelchen

Wenn es um das Aufspüren von Andockmöglichkeiten geht, ist der innere Vampir seinem auf der äußeren Ebene agierenden Verwandten gegenüber im Vorteil: Er muss nicht raten, was in uns vorgeht. Er weiß es. Und gekonnt setzt er seine spitzen Zähne exakt an der empfindlichsten Stelle an:

- Der *Perfektionistin* redet er ein, dass sie nur dann etwas taugt, wenn sie ihre Sache nicht nur gut, sondern brillant macht. Und nach getaner Arbeit beäugt er kritisch das Werk und gibt ihr zu verstehen: Das hättest du noch besser machen können!
- Die *Eilige* treibt er zu noch mehr Schnelligkeit an, sodass sie von einem unmöglich knappen Termin zum nächsten hetzt. Schon das Frühstück muss sie im Stehen einnehmen, doch danach geht es erst richtig los. Pause? Wozu?!
- Der *Starken* verübelt er jedes Zeichen von Schwäche. Selbst wenn sie krank ist, gibt er keine Ruhe. Zur Arbeit schickt er sie auch dann noch, wenn sie den Kopf unter dem Arm trägt. Aber das Lächeln nicht vergessen! Na, bitte! Es geht doch!
- Der *Beflissenen* schärft er ein, dass sie es allen Recht machen muss, um gemocht zu werden. Und wenn sie nett und artig ist, darf sie den anderen dienen – auch den Vampiren.
- Über dem Kopf der *Fleißigen* lässt er unablässig die Peitsche knallen. »Es reicht nicht!«, schreit er. »Streng dich an!« Doch egal, wie viele Überstunden sie auch macht und was sie auch erreicht – auf den Lorbeeren ausruhen darf sie sich nie.

## Ihr ganz spezielles Gegenmittel

Mit welcher Botschaft sitzt Ihnen Ihr innerer Vampir im Nacken? Lassen Sie alles liegen und stehen, und ziehen Sie sich auf Ihren Lieblingssessel zurück. Jetzt sofort. Ich weiß, Sie haben keine Zeit. Tun Sie es trotzdem! Nur so können Sie herausfinden, auf welche Weise sich der Raubbau an Ihren Kräften vollzieht. Sitzen Sie einfach da. Legen Sie die Füße hoch. Und lassen Sie das Buch für ein paar Minuten sinken, während Sie auf die Gedanken und Gefühle achten, die soeben in Ihnen aufsteigen. Sie weisen Ihnen den Weg zu Ihrem ganz speziellen Gegenmittel:

- Wenn Ihr Blick sofort auf die Eintagesstaubschicht auf dem Fernseher fällt und Sie sich nur mit Mühe davon zurückhalten können, gleich aufzuspringen und den Lappen zu holen, dockt Ihr innerer Vampir an Ihrer perfektionistischen Ader an. Überprüfen Sie die Ansprüche, die Sie an das Ergebnis Ihrer Arbeit stellen. Ob im Job oder im Haushalt – der Mehraufwand, den Sie treiben müssen, um eine Sache nicht nur gut, sondern ausgezeichnet zu machen, steht oft in keinem Verhältnis zu dem dadurch gewonnenen Nutzen.

- Rutschen Sie unruhig im Sessel hin und her, und haben Sie das Gefühl, ständig auf die Uhr schauen zu müssen, gehören Sie zu den Eiligen. Holen Sie Ihren Terminkalender und überlegen Sie, was von all den Einträgen wirklich so dringend ist, dass sich die Hetze lohnt. Und wann immer Ihnen der Zeitdruck im Genick sitzt, setzen Sie den Rotstift an. Auch Ihr Tag hat nur vierundzwanzig Stunden.

- Spüren Sie erst jetzt, wo Sie einmal für ein paar Minuten still dasitzen, wie müde Sie sind? Und haben Sie (auch wenn Sie es sich nur ungern eingestehen) die größte Lust, vor lauter Erschöpfung einfach loszuheulen? Dann haben Sie sich von Ihrem inneren Vampir in die Rolle der allzeit Starken drängen lassen. Wie lange wollen Sie noch über Ihre Grenzen hinweggehen? Wem wollen Sie etwas beweisen? Wer hat etwas davon, wenn Sie zusammenbrechen? – Niemand! Noch nicht einmal die Vampire. Und Sie selbst am allerwenigsten.

- Kommen Sie sich auf einmal so nutzlos vor, weil Sie einen Moment lang tatenlos dasitzen? Und tauchen vor Ihrem geistigen Auge plötzlich all die vielen Menschen auf, denen Sie eine Gefälligkeit zu schulden glauben? Die Tante, für die Sie noch kein Geburtstagsgeschenk besorgt haben, die Freundin, der Sie das Kuchenrezept aufschreiben wollten, die Bekannte, der Sie schon so lange einen Besuch versprochen haben ...

Wenn jetzt jemand hereinkäme und Sie beim Faulenzen erwischen würde – wäre Ihnen das peinlich? Dann gehören Sie zu den Beflissenen, die immer an die anderen denken. Verabschieden Sie sich von der Vorstellung, es allen recht machen zu müssen. Sie schaffen es sowieso nicht. Alles andere redet Ihnen Ihr innerer Vampir ein. Glauben Sie ihm nicht!

- Rührt sich in Ihnen eine Stimme, die die ganze Übung sowieso für Quatsch hält? Fragen Sie sich, was es bringen soll, faul dazusitzen und auf irgendwelche dubiosen Gefühlsregungen zu achten? Dann gehören Sie sicher zu den Fleißigen, die meinen, den inneren Vampir nur dann enttarnen zu können, wenn sie ihm in mühevoller detektivischer Kleinarbeit hinterherspüren. Hören Sie auf zu schaffen und zu rennen und neidvoll auf die zu starren, denen alles in den Schoß zu fallen scheint. Nur wenn Sie sitzen bleiben, haben all die vielen Gaben überhaupt eine Chance, in Ihrem Schoß zu landen! Wie heißt es so schön im Zen? Im Nichtstun bleibt nichts ungetan.

## Machtworte

So wie Dracula Weihwasser, Kreuz und Knoblauch fürchtete, scheut der innere Vampir vor Affirmationen zurück. Wann immer Sie spüren, dass er die Tür seiner Gruft aufstößt, um Sie in die vertraute Gedankenschleife zu locken, sagen Sie die für Sie passenden Sätze aus nachfolgender Auflistung vor sich her. Auch wenn Ihnen die Botschaft dieser Affirmationen anfangs fremd erscheint: Der innere Vampir versteht sie wohl und weicht bald zurück.

| **Affirmationen wider den Vampirismus von innen** | |
|---|---|
| Für die Perfektionistin | Auch ich darf einmal nachlässig sein. Auch ich darf Fehler machen. Aus Fehlern kann ich lernen. |
| Für die Eilige | Ich darf mir so viel Zeit für diese Aufgabe nehmen, wie ich brauche. |
| Für die Starke | Ich darf mir Hilfe holen, ohne das Gesicht zu verlieren. Nur wenn ich mich schwach zeige, wirke ich menschlich. |
| Für die Beflissene | Es ist in Ordnung, wenn andere mit mir unzufrieden sind. Davon geht die Welt nicht unter. |
| Für die Fleißige | Ich darf es mir leicht machen! Weniger ist mehr! |

## Visualisierungsübung

Wenn sich Ihr innerer Vampir auch mit Machtworten nicht in die Flucht schlagen lassen will, ist es an der Zeit, zu ihm in die Gruft hinabzusteigen. Mit Pflöcken können Sie ihm kaum zu Leibe rücken, denn Sie wollen sich ja nicht selbst aufspießen. Zähmen Sie ihn lieber!

Ziehen Sie sich über ein bis zwei Wochen hinweg regelmäßig einmal am Tag an einen ungestörten Platz zurück, und lassen Sie folgenden Film vor Ihrem geistigen Auge ablaufen:

*Achten Sie zunächst auf Ihren Atem, wie er ein- und wieder ausströmt. Mit jedem Einatmen fließt Entspannung in Sie hinein, und bei jedem Ausatmen strömt Anspannung aus Ihnen heraus, bis Sie schließlich ganz ruhig sind.*

*Und nun lassen Sie in Ihrer Vorstellung das Bild einer Treppe entstehen, die in die Tiefe führt. Sie steigen sie hinab und gelangen so in einen Gang, der vor einer Türe endet. Öffnen Sie sie. Seien Sie gewiss, dass Ihnen nichts geschehen kann. Sie sind gut geschützt.*

*Und während Sie sich an das Licht in diesem Raum gewöhnen, treten nach und nach die Konturen einer Gestalt hervor, und Sie wissen: Dies ist Ihr innerer Vampir, der hier unten in der Tiefe wohnt und solch großen Einfluss auf Ihr Leben nimmt. Er sagt Ihnen, was Sie zu tun und zu lassen haben. Er ist es, der Sie durch den Alltag hetzt. Bisher hat er eher im Verborgenen gewirkt, heute aber sind Sie gekommen, ihn sich einmal anzuschauen. Vielleicht sieht er ganz anders aus, als Sie ihn sich vorgestellt haben. Wie dem auch sei – schauen Sie ihn sich einfach an, und spüren Sie nach, welche Gefühle er in Ihnen auslöst.*

*Und wenn Sie bereit dazu sind, können Sie ihn jetzt ansprechen. Überlegen Sie sich in aller Ruhe, was Sie ihm sagen möchten, und konzentrieren Sie sich auf das Wesentliche. Seien Sie gewiss: Was Sie auch sagen – Ihr innerer Vampir wird Ihnen zuhören, vielleicht zum ersten Mal in Ihrem, in seinem Leben.*

*Endlich haben Sie Gelegenheit, ihm all das zu sagen, was Sie auf dem Herzen haben: Er darf ja ruhig bleiben. Auch Schattenwesen wie er haben durchaus ihre Existenzberechtigung, denn sie treiben uns voran und lassen uns Hürden nehmen, die sonst unüberwindbar wären. Aber sein Stellenwert wird ab sofort ein anderer sein! Sie werden nicht mehr auf seine Befehle hören, sondern er auf die Ihren. Er wird sich seltener melden als bisher und Ihnen Pausen gönnen, damit Sie Muße und Zeit für sich selbst finden. Je klarer und deutlicher Sie zu Ihrem inneren Vampir sprechen, desto besser kommt Ihre Botschaft bei ihm an.*

Und wenn Sie alles gesagt haben, was Sie sagen wollten, dann sehen Sie sich ihren inneren Vampir noch einmal an. Vielleicht hat sich sein Aussehen verändert – vielleicht erschien er Ihnen vorher groß und mächtig, und jetzt ist er kleiner und nicht mehr so bedrohlich.

Nehmen Sie bewusst Abschied von ihm, wenn er jetzt mehr und mehr in den Hintergrund des Raumes tritt und auch der Raum langsam dunkler wird. Und je dunkler es wird, desto mehr zieht sich die Gestalt in den Hintergrund zurück, bis sie nicht mehr zu sehen ist. Dann verlassen Sie den Raum, ziehen ganz bewusst die Tür hinter sich ins Schloss und spüren noch einmal nach, ob Sie Erleichterung empfinden. Womöglich haben Sie das Gefühl, als sei Ihnen ein großer Druck von der Brust gewichen.

Und mit diesem Gefühl gehen Sie jetzt langsam zurück durch den Gang und über die Treppe hinauf ans Licht.

## Geschafft!

Ob in der Welt ringsum oder in Ihrem Inneren – Vampire wird es wohl immer geben. Aber welcher Sauger sich auch an Sie heranmachen mag: Er wird sich an Ihnen die Zähne ausbeißen! Zu gut haben Sie Ihr Haus gesichert, mit Knoblauch sind alle Fenster und Türen geschützt. Und selbst wenn ein Vampir irgendwo doch ein Schlupfloch entdeckt – Sie sind nicht mehr angreifbar, und so weicht er zurück.

Sie können also gelassen sein, denn Sie wissen: *Sie allein sind die Herrin über Ihr Leben! Jederzeit und überall. Selbst in den Karpaten.*

Die Deutsche Bibliothek – CIP-Einheitsaufnahme
Ein Titeldatensatz für diese Publikation ist bei der
Deutschen Bibliothek erhältlich.


1  2  3  4  5     06  05  04  03  02


© 2002 Kreuz Verlag GmbH & Co. KG Stuttgart, Zürich
Ein Unternehmen der Verlagsgruppe Dornier
Postfach 80 06 69, 70506 Stuttgart, Tel.: 0711/78 80 30
Sie erreichen uns rund um die Uhr unter www.kreuzverlag.de
Zitate am Kapitelbeginn aus: Von denen Vampiren oder Menschensaugern.
Dichtungen und Dokumente, Dieter Sturm, Klaus Völker (Hrsg.), Suhrkamp
Verlag, Phantastische Bibliothek, Bd. 306, Frankfurt 1994
Umschlagfoto: © Premium/Bananastock
Umschlaggestaltung: OUTPUT KreativAgentur Waiblingen,
Werner Hildenbrand
Satz: Rund ums Buch – Rudi Kern, Kirchheim/Teck
Druck und Bindung: Kösel, Kempten

Die Schreibweise entspricht den Regeln der neuen Rechtschreibung.

ISBN 3 7831 2161 2